가습기
살균제
리포트

이규연의
**스포트
라이트**

가습기
살균제
리포트

위험사회 한국,
지금 내 가족은 안전한가

이규연 외 공저

중앙books
JoongAng Ilbo

'3B' 리스크, 지금 한국이 위험하다

바닥까지 떨어졌다고 생각했는데
그 아래 지하실이 있다.
- JTBC 〈이규연의 스포트라이트〉

▌상식을 벗어난 극단적 사건, 'X이벤트'

2014년 2월, 경주 마우나오션리조트의 체육관이 무너져 내렸다. 체육관 지붕이 붕괴되면서 대학생 10명을 포함해 모두 138명의 대규모 사상자가 발생했다. 사고 원인은 복합적이었다. 기본 수칙을 지키지 않았다는 점에서 인재人災적 요소가 있었다. 설계서와는 달리 지붕에 H빔을 설치하지 않은 부실도 확인됐다. 하지만 인재적 요소 말고 이상 기후의 영향도 컸다. 사고가 난 이후 리조트 관계자는 이렇게 항변했다.

"우리는 규정을 다 지켰다. 불가항력적인 측면이 있었다."

이 관계자의 발언은 반은 거짓말이고 반은 일리가 있는 주장이었다. 제설 작업을 하지 않고 행사를 치른 것은 규정을 위반한 대목이었다. 하지만 폭설만 보면 관계자의 얘기가 전혀 근거 없는 것은 아니었다. 경주는 눈이 잘 오지 않는 지역이다. 그럼에도 리조트 지역을 중심으로 일주일 동안 50~70센티미터의 눈이 내렸다. 지역의 건축기준은 30센티미터의 적설량에 견디도록 정해져 있었다. 건물 설계 때는 국토부의 건축 구조 설계기준의 지붕 적설 하중을 고려해야 한다. 이 하중은 100년간 가장 많은 적설량을 기준으로 정한다. 경주 부근의 기준이 30센티미터 정도였다는 의미다. 기준만 보면 예상하기 어려운, 극단적인 사건이 벌어졌다고 볼 수 있다.

경주참사가 발생한 후, 국내 재난 연구가 사이에서는 'X이벤트'

라는 이론이 주목을 받았다. 이 단어가 국내에 대중적으로 알려진 것은 복합계 연구자인 존 캐스티의 책 《X이벤트》가 2013년 1월 한국에 출간되고 나서다.

우리는 정책을 수립하거나 사업 환경을 예측할 때 최악, 최상, 최적의 시나리오를 생각한다. 현재와 과거를 둘러싼 요소와 추세를 고려해 모든 요소가 가장 유리하게 조합됐을 때, 반대로 모든 요소가 가장 불리하게 조합됐을 때, 또 적절하게 조합됐을 때를 각각 상정하는 것이다. 이런 시나리오에 따라 미래 전략과 대비책을 세운다. 최악, 최상, 최적 모두는 정책 입안자나 사업 기획자의 합리적인 고려 범위에 있다.

하지만 세상만사가 그렇게 돌아가지 않는다. 최악의 최악이 존재한다. 복잡성이 지배하는 현대사회에서는 최악 너머의, 심각한 상황을 종종 목격하게 된다. 주식 투자의 예를 들어보자. 신중한 투자자라면 주가가 곤두박질해 바닥까지 내려올 상황에 대비해 포트폴리오를 짠다. 하지만 증권업계 표현대로 "바닥까지 떨어졌다고 생각했는데 그 아래 지하실이 있고, 그 지하실 아래 또 다른 지하실을 보게 될 때"가 있다. 이것이 극단적 상황, 'X이벤트'다.

2011년에 일본 후쿠시마 원전사고가 발발한다. 일본 관측 사상 최대인 리히터 규모 9.0의 지진이 발생하면서 초대형 쓰나미가 해변 도시를 덮쳤다. 전원 공급이 중단되면서 후쿠시마에 위치한 원전의 가동이 중지되는 방사능 누출사고가 발생했다. '전원 공급 중단-냉각설비 파손 - 수소 폭발 - 방사능 누출'로 이어진 이 사고는 국제원자력 사고 등급의 최고 위험 단계인 7등급 재난이었다. 일본 정부와 지방 정부는 1970년대 후쿠시마 원전을 건설할 당시에 지질 조사를 했다. 그 결과, 이 지역에는 높이 9미터 이상의 해일이 온 적 없다는 결론을 내렸다. 그럼에도 최악의 상황에 견딜 수 있도록 원전 주변에 10미터의 방벽을 쌓기로 결정했다. 그런데 대지진으로 높이 14미터의 해일이 원전을 덮쳤다. 예상을 뛰어넘는 파국적인 상황, X이벤트가 온 것이다.

X이벤트를 어떻게 정의해야 할까. 발생 가능성이 매우 낮거나 확률로 잡아내기 어렵지만 엄청난 잠재적 파급력을 지닌 극단적 사건Extreme Events을 뜻한다. 우리가 접하는 일반적인 사건들은 과거 경험을 바탕으로 상식상 발생 가능하다고 생각하는 범위 안에 있다. 하지만 과거에 한 번도 발생하지 않았거나, 보통의 상식으로는 일어나지 않는 사건도 종종 발생한다. 존 캐스티는 자신의 저서에서 X이벤트의 11가지 주요 유형을 다음과 같이 소개한다.

X이벤트의 11가지 유형

1. **디지털 네트워크 붕괴** 인터넷망이 장기적으로 광범위하게 정지할 때

2. **식량 공급 중단** 대외식량 의존도가 높은 상황에서 세계 식량 공급 시스템이 무너질 때

3. **전자기기의 갑작스러운 파괴** 전자기 펄스(EMP) 등 첨단 전자폭탄의

공격을 받을 때

4. 물리학적인 재난 신종 물리학 입자가 지구에 밀려들 때

5. 핵 폭발 핵 억제체계가 무너져 핵 전쟁이 일어날 때

6. 세계화의 붕괴 세계화에 의존하는 글로벌 지정학적 질서가 무너질 때

7. 석유 고갈 산유국에서 석유 수출을 중단할 때

8. 전염병의 창궐 전 세계적으로 치명적인 전염병이 확산될 때

9. 대정전 사태와 대가뭄 전력망이 붕괴되거나 여러 이유 때문에 식수 공급이 중단될 때

10. 로봇의 재앙 인류를 위협하는 지능로봇이 출현할 때

11. 금융의 몰락 전 세계의 금융시장이 일거에 붕괴할 때

▌'바이오사이드' 최악 참사, '3B 위험사회'의 기습

2016년, 대한민국 사회는 존 캐스티가 제시한 11가지 유형에 포함되지 않은 신종 'X이벤트'를 겪게 된다. 가습기 속에 들어간 아주 미량의 살균제가 수천 명의 사상자를 낼 줄 누가 예상이나 했을까. 세계 최악의 바이오사이드Biocide, 살생물제 참사! 외신은 우리에게 일어난 가습기살균제 대참사를 이렇게 불렀다. 최악 이상의 극단적인 사태가 벌어진 것이다.

대한민국 수립 이후, 가장 사상자가 많았던 3대 참사를 꼽아봤

다. 2014년 일어난 세월호침몰, 2003년의 대구지하철 화재참사. 그리고 1위는 1995년 발생한 삼풍백화점 붕괴사고였다. 그런데 이 기록은 다시 써야 한다. 2000년대 초반에 발생한 가습기살균제 대참사가 1위 기록을 넘겨받게 될 가능성이 크다. 2016월 7월 현재까지 2,200명이 넘는 사상자가 나왔다. 2011년, 피해자가 공식 확인된 이후, 5년간 70배로 늘었다.

순위(발생연도)	이름	사상자 수
0순위(2016년)	가습기살균제 대참사	약 2,200명 이상
1위(1995년)	삼풍백화점 붕괴사고	1,444명
2위(2003년)	대구지하철 화재참사	343명
3위(2014년)	세월호침몰	304명

역대 참사의 사상자 수

1990년대에 '가습기살균제'라는 악마의 물질이 이 땅에서 탄생한 뒤 20년 동안, 우리는 그 위험을 미처 알지 못했다. 더욱 불편한 얘기는 지금부터다. 전 국민의 22퍼센트, 그러니까 서울 인구보다 많은 1,000만 명 정도가 가습기살균제를 썼다. 그 1,000만 명 중에는 임산부와 신생아가 다수 포함돼 있었다. 아직 공직 집계에 들어있지 않은 태아 사망까지 최근 확인되고 있다. 드러나지 않은 사상자가 얼마나 될지 가늠하기도 어려운 상황이다.

이 어처구니없는 대참사를 둘러싸고 수많은 플레이어, 이해 관계자가 존재하고 있다. 19곳 이상의 기업, 9곳 이상의 정부 기관, 국회의 3개 상임위와 2곳 이상의 대학까지.

우리 사회의 거의 모든 주체가 참사의 잠정적 가해자나 내부자, 방관자였다. 여기서 이런 의문이 들 수밖에 없다. 이 수많은 내부자들이 왜, 그렇게 오랫동안, 침묵할 수 있었던 걸까. 개개로 보면 하나같이 멀쩡한 플레이어들이 왜 집단적으로 악을 행한 걸까. 이런 참사가 어떻게 10년 가까이 은폐될 수 있었을까.

내부자들, 방관자들, 그리고 검은 거래

가습기살균제 참사는 조속히 대응만 했다면 가벼운 사고로 끝날 수 있었다. 하지만 단순 사고가 대참사로 치닫게 되는 구조가 존재했다. 우선, 이번 참사는 첨단 화학 분야에서 일어났다. 사고 원인이 어렵고 복잡한 '블랙박스Blackbox' 속에 존재했다. 첨단 과학기술의 전문화 때문에 블랙박스 안에서 무슨 일이 일어나고 있는지 파악이 어려웠다. 이번 사건은 '관료주의Bureaucracy' 병폐가 만든 참사이기도 했다. 가습기살균제란 물질이 이 땅에서 태어나, 마구 유통될 수 있었던 것은 무사안일, 무책임한 정부부처의 자세 때문이었다. 현대사회의 '방관자 효과Bystander Effect'를 단적으로 보여주는 사례이기도 했다. 사람들이 죽어나가는데 모든 사회 주체에 책임을 미루고 방관했다. 이전과 다른 X이벤트, 은밀한 위험사회의 모습을 보여줬다. 이를 '3B 리스크'라고 명명해 본다.

- 블랙박스Blackbox
- 관료주의Bureaucracy
- 방관자 효과Bystander Effect

JTBC 탐사프로그램 〈이규연의 스포트라이트〉는 2016년 5월, 이 대참사를 3부작으로 집중 취재했다. '1부-대한민국 침묵의 합창'을 시작으로 '2부-국가의 침묵', '3부-천사의 눈물, 악마의 대변인' 편을 연이어 보도했다. 이 3부작은 방송통신심의위원회에서 선정하는 '5월의 좋은 프로그램'을 수상하기도 했다. 박효종 방송통신심의위원장은 선정 이유에 대해 "해당 프로그램은 심층 취재와 다각도의 분석을 통해 가습기살균제 문제의 심각성과 원인 등을 시청자들에게 설득력 있게 전달했다"고 밝혔다.

'침묵의 합창'은 전문가들의 결탁과 타락이 있었기에 가능했다. 이번 사건 수사 과정에서 처음으로 구속된 인물은 서울대 수의대 조 교수였다. 악마의 물질을 만들어 판 기업가도, 그것을 방관한 정부 관료도 아니고 명문대 교수가 첫 표적이 된 것이다. 이 교수는 가습기살균제 제조 회사인 옥시 측의 의뢰를 받고 독성 실험 보고서를 작성해 주었다. 연구비 2억 5,000만 원 외에 추가로 1,200만

원을 받고, 옥시 측에 불리한 부분은 은폐하고 유리하게 데이터를 조작했다는 혐의가 적용됐다. 비슷한 이유로 호서대 유 교수도 구속됐다. 두 사람은 우리나라 독성학계에서 이름을 날리던 전문가였다. 자문료라는 이름으로 행해지던 기업과 학자들의 검은 거래가 만천하에 드러난 것이다.

대형로펌의 부적절한 처신도 도마 위에 올랐다. 옥시 측을 변호한 대형로펌은 2015년 법원에 변론서를 제출했다. 하지만 가습기

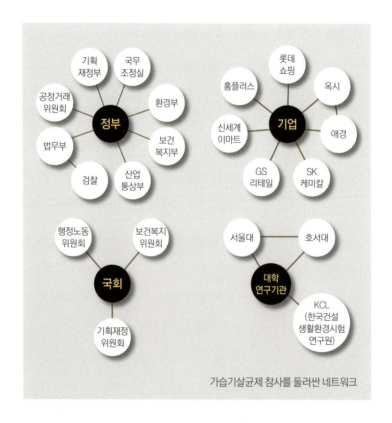

가습기살균제 참사를 둘러싼 네트워크

살균제의 독성을 증명한 전문 기관의 보고서는 거의 언급하지 않았다. 반면 논란의 여지가 있는 서울대와 호서대 보고서만 인용해 옥시를 변호했다. 이런 사실이 알려지자, 피해자와 시민단체는 이 대형로펌을 강력히 비판했다. '유해성 변론'을 했다는 비판이었다.

▌ '검은 요술망토'를 폭로하다

이처럼 과학기술 분야의 비리 사건에서 전문가들이 기업이나 정부와 검은 결탁을 맺으면, 그 사건은 좀처럼 노출되지 않는다. 마치 사건의 진실을 감싸, 모습을 사라지게 하는 '검은 요술망토'라고나 할까. 가습기살균제 대참사처럼 전문가나 법조인이 회사와 결탁해 사건의 본질을 흐리게 한 사건을 끈질기게 파헤친 보도가 있다. 바로 2014년 퓰리처상 수장작인 〈숨 쉴 수 없고, 짐스러운Breathless and Burdened〉이라는 제목의 '탄광 진폐증'에 관한 탐사보도였다. 이 보도는 미국의 대표적인 비영리 탐사보도기관인 The Center for Public Integrity의 크리스 햄비Chris Hamby 기자가 발굴한 수작이다. 기자는 왜, 진폐증에 걸린 탄광 광부들이 제대로 보상을 받지 못하는지에 대해 탐사했다. 그 결과, 이면에 석탄회사와 의사, 변호사 사이에 결탁이 있었음을 폭로했다. 기자는 진폐증 광부들이 보상금 청구 소송에서 10~20퍼센트의 낮은 승소율을 보이는 데 주목했다.

취재가 진행되면서 보상을 어렵게 하는 몇 가지 이유가 발견된다.

우선 석탄회사들이 고용한 대형로펌의 부적절한 행위였다. 로펌들은 광부들의 보상금 청구를 막아내기 위해 다양한 전략을 구사했다. 가습기살균제 대참사에서처럼, 로펌들은 석탄이 진폐증을 유발할 수 있음을 보여주는 증거를 제출하지 않거나 숨겼다. 대신 불완전하거나 진실을 호도할 수 있는 증거를 재판부에 제출하여 판사들이 오판하도록 유도했다. 이 같은 전략으로 석탄회사들은 보상금 지급 소송에서 이길 수 있었다.

유명 대학병원의 방사선과 전문의들도 부적절한 결탁에 개입했다. 석탄회사들은 자신에게 유리한 의학적 증거를 얻어내기 위해 유명 대학병원에 수백만 달러를 썼다. 재판부가 유명 대학병원의 의학적 권위를 인정하지 않을 수 없다는 점을 악용한 것이다. 석탄회사들은 소송 과정에서 광부들의 폐 사진을 판독할 때마다 병원에 수백 달러를 지불했다. 반면 광부들이 이들 의사에게 주는 사진판독 비용은 수십 달러에 불과했다. 기자는 2000년대 이후 이 유명 대학병원의 의사가 관여한 1,500개의 소송을 전수 조사했다. 그가 판독했던 3,400개 이상의 엑스레이 자료를 확인했다. 그 결과, 이 전문의가 탄광회사에 유리한 진단만 내린 사실을 밝혀냈다.

보도 이후, 사회적 공분이 일어나면서 진폐증 보상 시스템을 둘러싸고 여러 변화가 일어났다. 유명 대학병원은 보도 이틀 만에 기존의 진폐증 판정 프로그램을 중단했다. 상원의원 2명은 구멍이 난

크리스 햄비 기자(우)는 '탄광 진폐증' 관련 탐사 보도로 퓰리처상을 받았다.

진폐증 보상 프로그램을 고치는 입법 활동을 시작했다. 이런 노력의 결과로, 정부는 탄광 진폐증과 관련한 모든 의학 증거를 공개하도록 의무화했다.

▌ 다시 생명의 미래를 위해

이 책은 〈이규연의 스포트라이트〉에서 방영된 내용과 필자가 각종 매체에 기고한 내용을 토대로 완성했다. 본문에서는 정부와 수사기관, 대학, 정치권의 무능과 비리를 신랄하게 비판할 것이다. 이에 앞서, 언론인으로서 먼저 반성하는 것이 도리다. 언론은 어젠다 세팅, 그러니까 의제 설정 역할을 한다. 사회적으로 논쟁할 만한 가치가 있는 이슈를 발굴해 이를 확산시키는 일이다. 이를 통해 언론은 결과적으로 어떤 공적 결정이 내려지는 데 개입하게 된다. 정책 형성 과정은 대략 다음과 같다.

사회문제 발생 – 미디어의제 – 공중의제 – 정책의제 – 정책 결정

미디어의제를 선정할 때 민심의 흐름을 신속하고 정확하게 알아내지 못하면 공중의제나 정책의제로 발전할 수 없다. 그래서 편집국과 보도국의 종사자들은 사람들의 마음을 읽어내려고 항상 촉각을 곤두세운다. 편집국과 보도국에서는 매일 아침에 편집회의가 열린다. 의제 설정을 많이 해본 간부들이 모여 일종의 브레인스토밍을 한다. 아무리 경험 많은 사람들이 모여 머리를 맞대도 가끔은 이런 참담한 결과를 얻는다. 특히 낯설고 돌발적인 이슈가 생겼을 때 집단지성이 오작동을 일으킬 수 있다. 가습기살균제 대참사는 의제 설정의 실패였다. 미디어의제 설정 자체가 미약했기에 공중의제, 정책의제로 발전시키는 데 한계를 보였다.

한국언론진흥재단이 운영하는 신문기사 데이터베이스인 '빅카인즈Big kinds'를 통해 20년간 가습기살균제 보도 건수를 분석해 봤다. 정부가 공식적으로 가습기살균제가 참사의 원인이라고 밝힌 2011년 8월 이전에는 보도를 거의 찾아볼 수 없었다. 2016년 들어, 검찰이 본격적인 수사에 착수하기 전까지는 아무도 크게 주목하지

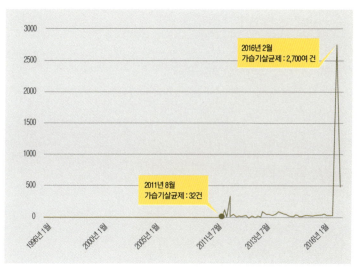

3000

2500
2016년 2월
가습기살균제 : 2,700여 건

2000

1500

1000

500
2011년 8월
가습기살균제 : 32건

0

1996년 1월   2000년 1월   2005년 1월   2011년 7월   2013년 7월   2016년 1월

가습기살균제 언론 보도 추이

않았다.

　언론은 가습기살균제 대참사에서 정부부처와 독성 전문가, 대형 로펌이 쳐놓은 '검은 망토'를 거둬내지 못했다. 우리 언론이 좀 더 집요하게 문제점을 파고들었다면 사망자를 좀 더 줄일 수 있었을 것이다. 또 어처구니없는 참사를 당하고도 제대로 보상을 받지 못하는 참담한 현실을 만들지 않았을 것이다. 진실은 점점 '블랙박스'가 되고 있다. 우리 언론이 이런 변화를 추적하지 못한다면 권력을 가진 내부자들이 입을 맞춘 '침묵의 합창'은 계속될 것이다.

2016년 8월

탐사저널리스트 이규연

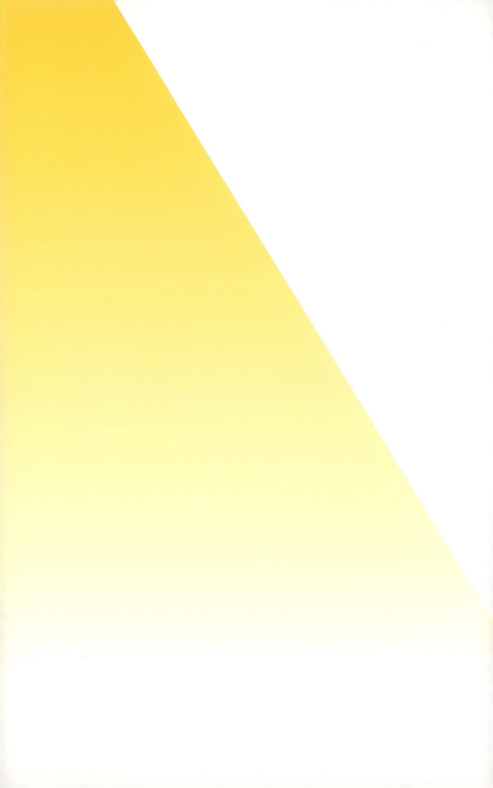

CONTENTS

가습기살균제 사건일지_생명을 거래한 22년

1994년 10월	1994년 11월	1997년 3월	2000년 10월
환경부, CMIT 성분 '가습기메이트'에 대해 독성 실험 요구 안 함	유공(현 SK케미칼) '가습기메이트' 최초 개발 및 시판	옥시 제품 등에 쓰인 PHMG의 유해성 심사, 환경부 통과	옥시 '옥시싹싹 뉴 가습기당번' 출시

2006년 11월	2007년 4월	2008년 4월	2008년 7월
롯데쇼핑 '와이즐렉 가습기살균제' 출시	국가기술표준원, '가습기클린업'에 KC마크 인증	대한소아과학회 논문 〈2006년 초 유행한 소아 급성 간질성 폐렴〉 발표	원인 미상 간질성 폐렴 환자 78명으로 증가, 36명 사망

2011년 9월	2011년 11월		2012년 1월
환경보건시민센터, 영유아 사망 5건 등 피해 사례 발표	정부, 일부 가습기살균제 사용 중단 권고와 수거 명령	서울대 수의학과 조 교수, 옥시 측 의뢰로 〈흡입독성평가 결과 보고서〉 작성	피해자와 가족, 국가와 제조 · 판매 업체 상대 첫 손해배상 민사 청구 제기

2012년 10월	2013년 2월		2013년 4월
보건복지부 국정 감사에 옥시&롯데마트 대표 증인 불출석	검찰, 기소중지 결정 "피해조사 결과가 나와야 수사할 수 있다"	피해자 모임, 옥시 본사 앞 항의 사진전	보건복지부, 가습기살균제 폐 손상 조사 위원회의 "피해자 CT 촬영 등 보완 조사 요구" 거부

2015년 1월	2015년 5월	2015년 8월	2016년 1월
피해자 가족, 국가 대상 손해배상 민사 소송 1심 패소 후 항소	피해자와 환경보건시민센터, 영국 런던 옥시 본사 항의 방문	한국소비자 단체협의회, 소비자집단 소송법 제정 촉구	서울중앙지검 가습기살균제 수사팀 확대 구성

2002년 6월	2003년 6월	2004년 12월	2006년 3~6월
서울 거주 5세 김모양 사망(가습기살균제 사망 최초 접수 사례 기준)	세퓨 제품에 쓰인 PGH의 유해성 심사, 환경부 통과	홈플러스 '홈플러스 가습기청정제' 출시	서울아산병원과 서울대병원에서 원인 미상 소아급성 폐렴 환자 15명 발생

2009년 1월	2009년 3월	2011년 4월	2011년 8월
세퓨 '세퓨 가습기살균제' 출시	대한소아과학회 논문 〈급성 간질성 폐렴의 전국적 현황 조사〉 발표	서울아산병원 '중증 폐렴 임산부 환자' 속출로 질병관리본부에 신고	보건복지부 역학조사 결과 발표 "가습기살균제가 원인 미상 폐 손상 요인으로 추정"

2012년 2월	2012년 7월	2012년 8월	2012년 9월
보건복지부 1차 동물시험결과 최종 발표. PHMG, PGH는 독성 확인, CMIT/MIT는 독성 확인 안 됨	가습기살균제 안전성 허위표시 판매사에 소액 과징금 부과. 피해자 모임 '솜방망이' 처벌 성명서 발표	피해자 모임, 검찰에 가습기살균제 제조·판매업체 첫 형사 고발	호서대 유 교수, 실험 결과 왜곡한 〈가습기살균제 노출평가 실험 최종 보고서〉 옥시에 제출

2013년 5월		2013년 11월	2014년 8월
가습기살균제 처리 및 구제 법안 국회 표류	윤성규 환경부 장관 "특정 피해자 지원에 일반 국민 세금 쓰이는 것은 옳지 않다"고 말해 파문	옥시 한국법인 사프달 대표 국정감사에서 인도적 차원의 50억 원 기금 조성 제안	피해자 모임, 검찰에 2차 형사 고발. 옥시 등 14개 제조회사에 대해 살인 혐의로 고소장 제출

2016년 4월	2016년 5월	2016년 7월
롯데마트 김종인 대표 사과 기자회견 100억원 규모 재원 마련해 피해자 보상 홈플러스 김상현 대표 기자간담회 통해 사과	옥시 한국법인 인도적 기금 50억 원 외 추가 기금 50억 원 마련. 피해자 모임 "진정성 있는 사과와 피해 보상" 요구	사망자 571명, 피해자 2,246명 (한국환경산업기술원 피해자 접수 기준)

침묵의 서막

01
그들은
'순결한 살인자'였다

인간은 천사도, 짐승도 아니다.
- 파스칼

타락천사, 루시퍼

평범한 인간들이 한없이 악해지는 까닭은 무엇일까? 21세기, 과학기술 강국인 대한민국에서 벌어진 '가습기살균제 대참사'를 지켜보며, 이런 의문을 갖게 됐다. 수많은 관계자들이 가습기살균제가 인체에 유해하거나, 그럴 가능성이 있는 '악마의 물질'임을 알고 있었다. 그러면서도 그들은 이 물질의 제조나 유통을 방조하거나, 적극적으로 개입하기까지 했다. 더욱 놀라운 점은 '수많은 관계자' 중에는 과학자와 교수, 기업인, 관료, 법률가가 포함돼 있다는 사실이다.

루시퍼Lucifer. 기독교에 나오는 '타락 천사'다. 사람은 주어진 환경에 따라 다르게 행동할 수 있다. 마치 타락한 천사처럼, 천사와 악마의 경계선을 오갈 수 있다. 상황과 그 상황을 만들어내는 시스템의 영향을 받기 때문이다. 환경에 따라 누구나 악마가 될 수 있다는 것, 이를 '루시퍼 이펙트Lucifer Effect'라 한다.

미국 스탠퍼드대 심리학과 필립 짐바르도 교수는 1971년, 평범한 대학생 50명을 모아 '스탠퍼드 감옥 실험'을 진행했다. 실험 설계는 다음과 같았다.

- 실험 참가자는 모두 중산층 가정 출신의 좋은 교육을 받은 육체적, 정신적 장애가 없는 남자 대학생으로 함
- 절반은 죄수의 역할, 나머지 절반은 간수의 역할을 맡음

짐바르도 교수는 실험 대상자가 역할에 몰입할 수 있도록 몇 가지 장치도 준비한다.

- 간수 역할자에게 실험에 관한 모든 통제권을 준다. 간수는 권한을 이용해 공포를 조성할 수 있다
- 죄수 역할자에게는 경찰서에서 실제 범죄자가 밟는 절차를 모두 겪게 한다

가상 감옥에서 죄수 역할자는 그들의 이름 대신 죄수 번호로 불렸다. 이는 자아와 개성의 상실을 뜻했다. 간수 역할자는 죄수에게 기합을 주고 온갖 모욕을 퍼부었다. 간수 역할자는 죄수 역할자가 반란을 일으켰을 때 그들을 소화기로 때렸다. 생리적 현상도 막고,

변기를 비우는 것조차 금지했다. 실제 교도소보다 더 공포스럽고, 비위생적인 환경이 조성됐다. 성적 모욕 또한 이어졌다. 죄수 역할자는 벌거벗은 채로 생활하도록 강요받았다. 남색을 흉내 내도록 요구받기도 했다.

일정 시간이 지나자 간수 역할자의 3분의 1은 '잔학적 성향'을 보였다. 역할에 몰두한 간수 역할자들은 현실감각을 잃었다. 너무나 일반적인 대학생들이 역할에 심취하여 끔찍한 행동들을 저지른 것이다. 짐바르도 교수의 '스탠퍼드 감옥 실험'은 원래 2주간 지속될 예정이었다. 하지만 실험 참가자들이 폭력적이고, 잔학하게 변하는 걸 보고 6일 만에 끝을 냈다. 실험이 끝났을 때, 정상적인 윤리의식을 갖고 있었던 참가자는 단 1명에 불과했다. 이를 통해 짐바르도 교수는 누구든지 어떤 상황에 놓이면 상상도 못할 만큼의 악한 행동을 저지를 수 있다고 역설했다.

'스탠퍼드 감옥 실험'과 비슷한 상황이 실제로 벌어지기도 했다. 이른바 '이라크 아부그라이브 수용소 학대 사건'이다. 이 수용소는 이라크 수도인 바그다드의 외곽에 위치한 정치범 교도소였다. 사담 후세인이 반대파를 고문하던 이라크 최대의 정치범 학대 장소이다. 미군은 후세인 정권을 축출한 뒤, 이 수용소를 수리해 미국에 반대하는 인사를 구금하는 시설로 썼다.

그런데 이 수용소에서 끔찍한 일이 벌어졌다. '간수' 역할을 하는 미군 병사들이 정보를 빼내기 위해 각종 잔혹한 방식으로 이라크

포로들을 고문했던 것이다.

고문 방식은 상상을 초월했다. 포로들의 목을 조르고 여성 포로들을 성폭행했다. 더욱 기이한 것은 병사들의 행동이었다. 발가벗겨 바닥에 쓰러뜨리거나 침대에 묶고 모욕하는 장면을 디지털카메라로 고스란히 촬영해 고향의 친구나 친지에게 보내기까지 했다. 수용소라는 '폐쇄적인 공간'에서 윤리의식이나 죄의식이 사라져버린 것이다.

'스탠퍼드 감옥 실험'에서 간수 역할자의 비윤리적 행동이 허용될 수 있었던 건 규율과 시스템 때문이었다. 삐뚤어진 사회적 규율과 구조는 결과적으로 참혹한 일도 가능케 한다.

가습기살균제 대참사에서도 마찬가지였다. 전 세계에서 대한민국만이 PHMG 성분의 가습기살균제를 상용화할 수 있는 '악마의 시스템'이 존재했다. PHMG가 국제적으로 안전성이 검증되지 않은 물질임에도 말이다. 허술한 규율이나 잘못된 시스템이 평범한 기업 종사자들의 범죄를 부추겼다. 놀라운 일은 가해자들의 반응이었다. 취재 과정에서 만난 대부분의 가해자는 이미 수백 명이 죽어갔음을 알게 된 이후인데도 다음과 같은 반응을 보였다.

공무원 "우리는 심사 규정에 따라 허용해 주었다"

"심사를 거부할 규정이 없었다"

기업 "유명기관의 검증을 거쳤다"

"정부가 원하는 서류를 다 첨부했다"

전문가 "그때는 이를 밝혀낼 수단이 없었다"

"산학협력의 관행에 따라 행동했다"

가습기살균제 대참사 과정에서도 '스탠퍼드 감옥 실험'에서처럼 간수 역할자들 사이에 집단적인 루시퍼 이펙트가 존재했다. 그뿐만이 아니었다. 실제로는 죄수가 아닌 결백한 사람인데, 죄수의 심정을 갖는 사람들 역시 존재했다.

가습기살균제 피해자는 한동안 사회·제도적 규율에 억눌려 있었다. 분명히 본인들이 심각한 피해를 당했음에도, 강한 저항을 할 수 없었다. 한없이 약해진 피해자들은 자아감 상실과 몰개성화를 겪으며 심각한 혼란을 겪어야 했다. 가습기살균제로 인해 자식을 잃은 부모는 본인들을 자녀의 안전을 지켜주지 못한 가해자라고까지 생각하고 있었다.

그들은 '순결한 살인자'였다.

사망자 및 피해자 증가 추이

2002년 6월
서울 거주 5세 김모양, 최초 사망 접수

2011년 8월
보건복지부 역학조사 결과
가습기살균제가 원인 미상 폐 손상 원인으로 지목

2011년 11월
사망자 28명, 피해자 91명

2013년 4월
사망자 112명, 피해자 359명

2015년 12월
사망자 202명, 피해자 1,008명

2016년 4월
사망자 239명, 피해자 1,528명

2016년 7월
사망자 571명, 피해자 2,246명 이상
(한국환경산업기술원 접수 기준)

*〈환경보건시민센터〉 가습기살균제 사건일지 참조

▍되돌릴 수 있다면, 엄마의 시간

　연초록 이파리가 짙어가는 초여름이었다. 곽윤희씨는 두 돌도 채 안 된 아들 준원이를 하늘나라로 떠나보냈다. 2008년 6월. '엄마 윤희'로서의 시간은 그날에 멈춰 있다. 우리가 만난 윤희씨는 준원이가 태어나 입었던 배냇저고리, 아픈 아이 업고 달리던 포대기, 갑작스러운 중환자실 행으로 한 번밖에 신지 못한 신발까지 고스란히 간직하고 있었다. 8년이 지났지만 차마 버리지 못했다고 한다. 윤희씨는 우리에게 아이의 옷을 보여주며 이렇게 말했다.

　"이것은 딱 한 번밖에 못 입은 파카예요. 제가 몇 번씩이나 처분하려고 했었는데 버리면 아이를 진짜 못 만날 것 같은 느낌이 들어서……"

　바로 어제까지 뛰어놀던 준원이는 갑자기 숨을 쉬지 못하고, 이유도 모른 채 죽어갔다. 생후 21개월, 막 말문이 트여 재잘거릴 무렵이었다. 하루하루 늘어가는 재롱에 기뻐하고, 매 순간이 행복하던 그 시간은 너무 짧았다. 생때같은 아이가 2년도 못 살고, 엄마품을 떠나는 참담한 비극이 일어난 것이다.

　"엄마, 아빠, 맘마, 빠빠."

　두 음절 단어로 세상과 소통하던 아이가 마지막 남긴 말, 윤희씨는 그 말을 잊을 수가 없다.

　"중환자실 면회가 있어서 들어갔는데 '준원아 엄마 왔어~'라고

했더니 '엄마 아야, 엄마 아야' 하며 옹알거리더라고요. 아직까지도 되게 생생해요."

작디작은 몸에 침투한 병마가 얼마나 고통스러웠으면 마지막 남긴 말이 '아야'였을까.

악마의 그림자가 처음 드리운 건 2008년 4월, 준원이에게 감기가 찾아오면서다. 단순한 환절기 감기인 줄 알고 동네 병원에 다니기를 한 달, 감기 증세는 도무지 나을 기세가 없었다. 병원에서도 특별히 병을 의심하지 않았다. 윤희씨는 혹시 다른 원인이 있을까 종합 병원을 찾았다. 준원이는 엄마 손을 잡고 제 발로 아장아장 걸어 들어갔다. 그것이 준원이의 마지막 걸음마였다. 믿을 수 없을 정도로 갑작스럽게 호흡곤란이 오더니 바로 중환자실로 옮겨졌다. 아이의 폐는 무섭게 굳어갔다. 숨을 쉬지 못하는 고통. 생후 21개월의 아이가 감당하기에 얼마나 힘겨웠을까. 중환자실에서 두 달 반 있을 때는 병마의 정체를 알지 못했다. 원인을 모른 채, 사망진단서에는 '급성호흡곤란증후군', '간질성 폐렴'이란 병명이 찍혔다.

아이가 떠나고 3년 뒤 2011년, 원인이 밝혀진다. 윤희씨는 아들 준원이의 생명을 앗아간 정체를 제작진에게 확인시켜줬다. 사진에 남아 있는 작은 단서, 희미하게 보이는 빨간 뚜껑이 악마의 실체라는 걸 알게 된 것이다. 준원이를 죽음으로 몰고 간 건, 바로 가습기 살균제였다. 2011년 세상에 드러난 가습기살균제 참사. 생후 23개월 준원이가 그 희생자였던 것이다.

2008년 가습기살균제에 희생된 준원이의 마지막 말은 "엄마, 아야"였다.

오래된 사진첩 속 주방 풍경. 아들의 생명을 앗아간 위험물질, 가습기살균제 '옥시싹싹'이 창틀에 얹혀져 있다.

2011년 5월. 원인을 알 수 없는 폐 질환으로 인한 잇따른 사망 소식이 전해지면서 '미확인 공포'는 커져갔다. 괴 질환은 처음에는 감기와 같은 증상이었다. 하지만 약을 먹어도 회복되지 않고, 폐가 점점 굳어 손을 쓸 새도 없이 죽어갔다. 6개월 후, 이미 수많은 목숨이 희생된 후에야 '연쇄살인범'이 지목된다. 정부는 2011년 11월에 가습기살균제의 독성을 확인하고, 제품수거 명령 및 판매 중단을 권고한다. 가습기살균제에 첨가된 PHMG폴리헥사메틸렌구아니딘, PGH염화에톡시에틸구아니딘 성분이 코로 흡입되면서 폐에 치명상을 입힌 것이다.

하루아침에 아이의 폐가 딱딱하게 굳어 참담하게 죽어간 원인이 '가습기살균제' 때문이었다니. 뉴스를 접한 윤희씨는 인정하고 싶지 않았다. 그토록 알고 싶었던 아이의 사인死因을 알게 됐지만 절규할 수밖에 없었다. 자기 손으로 아이를 죽였다는 죄책감으로 무너졌다. 혹여 나쁜 세균이 아이를 공격할까 봐 사용한 살균제다. 가습기의 세균 번식에 대한 우려를 해결해 줄 수 있는 마법의 물건처럼 광고하던 기업을 믿고 사용했던 살균제다. 설마 그것이 악마의 연기인 줄, 소리 없는 살인자일 줄 그때는 미처 몰랐다. 아이의 기침이 심해질수록 좀 더 쾌적한 환경을 만들어 주려고 가습기를 더 자주, 더 많이 틀어주는 기막힌 일이 벌어진 것이다. 윤희씨는 당시를 이렇게 회고했다.

"더 많이 쐐 줬죠. 애가 건조하면 안 되니까. 바로 머리 위에다가. 지금도 저는 제 손을 잘라버리고 싶어요."

잔병치레 하나 없던 건강한 아이라서 이겨낼 거라 믿었다. 윤희씨는 준원이의 중환자실 생활을 매일매일 동영상으로 기록했다. 준원이가 퇴원하면 그동안 힘겨운 시간을 얼마나 잘 싸워왔는지 함께 보며 추억할 날이 올 거라 믿었기 때문이다. 동영상 속 윤희씨의 목소리에 슬픔이 아닌 희망이 담긴 건 그 이유다.

"이 상태로만 좋아지면 좋겠다, 준원아. 그렇지? 좋아져서 우리 집에 가자. 알았지? 집에 가자? 오~ 집에 갈 거야? 집에 가자. 빨리 나아서~"

'빨리 나아서 집에 가자'는 엄마 말에 눈을 깜박이며 고개를 끄덕이던 준원이. 하지만 준원이는 엄마와의 약속을 지키지 못했다.

준원이가 세상을 떠난 지 8년이 지났다. 윤희씨는 지금도 일주일에 한 번은 납골당을 찾는다. 살아 있다면 11살, 초등학생이 됐을 준원이. 하지만 엄마에게는 여전히 세 살배기 꼬마로 남아 있다. 아이 비석 앞에 놓아주는 장난감도, 과자도 8년 전 준원이가 좋아하던 그것들, 그대로다. 달라진 것은 이제 준원이를 만질 수 없고 안아줄 수 없단 사실이다. 윤희씨는 올해도 준원이가 채 피어보지도 못하고 떠난, 그 계절을 맞았다. 지켜줬더라면, 지킬 수 있었다면, 이 계절을 함께했을 텐데…… 윤희씨는 시간을 되돌리고 싶다.

"2008년 그때로 가서…… 아니죠. 2006년? 그러면 독성을 지금 다 아니까 가습기살균제를 사서 쓰진 않을 거 아니에요. 그러면 제가 준원이도 지켜줄 수 있고……"

더 잘 키워보겠다고 쓴 물건이, 살인무기가 될지 상상이나 했을까. 이토록 억울한 죽음이 또 있을까. 대한민국 수립 이후 최악의 대참사, '가습기살균제 대참사'. 2016년 7월까지 정부 기관에 피해자 심사를 신청한 수만 571명, 사상자는 2,246명이고 실제 피해자는 그 이상으로 추정되고 있다.

▌오래된 시그널

가습기살균제 사건이 비극적인 첫 번째 이유는 진작부터 시그널이 시작됐는데 좀 더 일찍 해독하지 못한 것이다. 시그널을 일찍 알아차렸다면 분명 피해를 줄일 수 있었다.

정부가 가습기살균제의 유독성을 확인하고, 판매를 중단하도록 권고한 것은 2011년 11월. 가습기살균제가 이미 1,000만 개 가까이 유통된 시점이다. 우리는 수면 위로 드러난 피해는 빙산의 일각일 수 있다고 판단했다. 그리고 마주하기 두려운 진실을 찾아 나섰다.

김모씨 아들은 10년 전 사망했다. 정부가 범인을 지목하기 5년 전, 2006년 4월. 생후 30개월 아들은 갑작스러운 호흡곤란으로 중환자실에 실려 갔다. 병명은 '원인 미상 폐 질환', 그런데 당시 입원했던 병원에서 이상한 일이 벌어졌다. 김모씨는 당시를 이렇게 회고했다.

"의사가 원인도 모르고 치료방법도 없다고 했어요. 그런데 이런 아이들이 많이 있다고 들었어요. 다른 병원에도 많이 있는데 거의 대부분 죽었다고. 우리 아이가 입원해 있을 때도 3명이 같은 증세였어요. 결국엔 옆에 있던 애가 먼저 가고, 그다음에 저희 애가 가

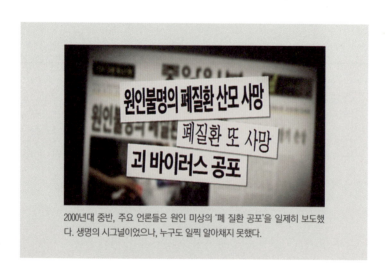

2000년대 중반, 주요 언론들은 원인 미상의 '폐 질환 공포'을 일제히 보도했다. 생명의 시그널이었으나, 누구도 일찍 알아채지 못했다.

고, 그 옆에 들어왔던 애는 그다음으로 가고. 다 사망한 걸로 알고
있어요."

나란히 입원했던 3명의 아이가 똑같은 증상으로 잇따라 사망한
것이다.

2006년 봄, 전국적으로 발생한 원인 모를 죽음을 두고 당시 의료
계는 바이러스 감염을 추정한다. 사실 그때 살균제 피해가 본격적
으로 발생한 것이다. 당시 부검을 하고도 몰랐던 사인은 8년 뒤에야
드러났다. 좀 더 일찍 원인을 규명했다면 또 다른 비극을 막을 수
있었을 것이다.

유가족들은 가습기살균제 때문에 아이가 죽었다는 사실을 알고
부터 더욱 힘겨운 시간을 보내고 있었다. 원인을 몰랐을 때는 하늘
만 원망했는데, 지금은 자신을 탓하게 되는 것이다.

내가 구입해서, 내 손으로 가습기에 넣었다는 부모들의 자책은
가습기살균제 참사가 비극적인 두 번째 이유다. 우리가 만난 피해
자들은 한결같이 스스로 가족을 죽였다는 죄책감에 시달리고 있
었다.

준원이 엄마는 이렇게 말한다.

"제가 죽인 거나 마찬가지, 아니 제가 죽인 거잖아요. 내가 내 손
으로 슈퍼 가서 사고, 내가 내 손으로 타서 쐐 줬는데……"

▌사망자 4명 중 1명이 영유아

　이번 사건이 더욱 가슴 아픈 이유는 가습기살균제 사망자 4명 중 1명이 4세 이하 영유아였기 때문이다. 〈이규연의 스포트라이트〉 제작팀은 피해자 가족들과 어렵게 자리를 함께해, 미처 몰랐던 이야기를 들을 수 있었다. 제작진과 만남의 자리에서 피해자 가족들은 저마다 지난 추억을 꺼내놓았다.

　두 돌을 앞두고 세상을 떠난 준원이의 엄마 윤희씨는 손수 만든 아기 사진첩을 챙겨왔다. 신생아 때부터 세상을 떠나기 전까지 23개월 동안의 추억이 고스란히 담겨 있었다. '준원이가 뒤집기 할 무렵', '깔끔쟁이 준원이가 제일 좋아하는 목욕', '항상 잘 웃는 우리 준원이', '형아랑 맛나는 과자 먹고 있는 준원이……' 아이와 함

가습기살균제 사망자 4명 중 1명은 영유아. 생사의 확률 25퍼센트.

께했던 추억마다 글귀를 담아 만든 사진첩에서 얼마나 사랑을 쏟았는지 그 마음이 전해졌다. 그런 아이를 하루아침에 갑자기 떠나보낸 부모의 마음이 어땠을까.

가습기살균제 참사의 세 번째 비극은 현재진행형이라는 것이다. 가습기살균제로 폐가 망가져 13년째 산소호흡기를 끼고 살아가는 성준이. 엄마는 성준이가 아프기 전인 생후 14개월 이전의 행복했던 기억을 풀어놨다. 처음 옹알이는 무엇이었는지, 이유식은 언제 시작했는지, 첫 걸음을 뗀 날 등 1년 동안 아이가 성장하는 과정을 꼼꼼하게 기록해둔 것이다.

"성준이가 아프기 전에 만들었던 사진 보드예요. 제가 혼자 돌잔치 준비를 했거든요. 처음 태어났을 때, 처음 했던 행동들을 이렇게 다 기록을 해서 만들었어요."

기록만이 아니었다. 탯줄부터 처음 깎은 손톱 발톱, 처음 빠졌던 치아, 출생신고 하고 처음으로 만든 통장까지, 14년 동안 '임성준 보물상자'에 보관해 온 것이다. 성준이는 엄마 미애씨에게 그런 존재였다. 세상 무엇과 비교할 수 없는 보물. 그런 아들에게 가습기살균제가 불러온 참혹함은 이루 말할 수 없다. 생후 14개월 때 호흡곤란으로 중환자실에 입원한 성준이는 무려 11개월 동안 중환자실에서 지냈다. 숨을 쉬지 못해 생사를 오가는 시간이었다. 심장이 멈춰 심폐소생술로 살아난 적도 있다. 기적적으로 목숨은 구했지만 지난 13년 동안 성준이는 목에 숨구멍을 뚫어 산소튜브를 꽂고 생활해왔다. 어쩌면 평생 산소발생기에 의존해 살아가야 할지도 모른다.

▎이별할 기회조차 없었다

가족을 누구보다 살뜰하게 챙겼던 이들에게 끔찍한 재앙이 들이 닥쳤다. 성준이 엄마 미애씨는 후회된다고 했다. 물을 끓여 식혀두 었다가 가습기 물로 사용했었는데, 그 수고로움을 덜어볼까 가습기 살균제를 샀던 자신이 원망스럽다고 했다. 기업 광고를 믿은 것이 죄라고 했다.

무고한 생명을 앗아가고, 한 집안을 무너뜨린 악마의 물질, 가습 기살균제. 그 누가 의심할 수 있었을까. 이것이 치명적인 독극물이 었다는 사실을 말이다. 아기에게 좋은 것만 주고 싶은 부모의 마음 을 기만한 마케팅, 가습기살균제 광고를 보면 기가 막힌다.

'살균 99.9퍼센트', '인체에 무해', '아이에게도 안심' 등 아이를 건 강하게 키우고 싶은 부모의 마음을 현혹하는 문구뿐이었다. 우리 가 확인한 결과 초창기 제품에는 성분 표시조차 없었다.

건강하던 아이를 불과 며칠 사이 죽음으로 내몬 가습기살균제의 강한 독성은 어떤 예고도 없었다. 손 쓸 새도 없이 급격하게 악화 되는 과정을 지켜보는 건 가족들에게 공포 그 자체였다. 우리가 만난 피해 가족들은 한결같이 증언했다.

"정말로 자각이나 인지할 수 있는 어떠한 징후나 전조도 없었습니다. 병원에 가니 산소포화도가 떨어져서 잠깐 입원해 있다가 바로 대학병원으로 실려 가서 에크모 수술을 받았어요."

- 최승운씨(2011년, 생후 21개월 딸 사망)

"일주일 만에 숨을 못 쉬니까 삼키는 걸 할 수 없더라고요. 밥 한 숟가락, 아니 죽, 미음도 삼킬 수 없을 정도로 숨이 차서 산소호흡기에 의지하고선 손 하나 까딱할 수가 없었거든요. 일주일 만에……"

- 백현정씨(2011년 본인 폐 이식, 생후 16개월 딸 사망)

"딱 하루 만에 바로 인공호흡기 달고, 그다음부터는 치료방법이 없다고 병원에서 얘기를 들었어요."

- 곽윤희씨(2008년, 생후 23개월 아들 사망)

"딸이 숨을 못 쉴 정도로 힘들어해서 입원하게 됐어요. 그런데 입원한 지 3주 만에 세상을 떠나서……"

- 김대원씨(2010년, 생후 11개월 딸 사망)

이별을 준비할 시간조차 없었다. 이토록 허망한 죽음이 또 있을까.

결혼 3년 만에 얻은 귀한 딸을 잃은 아빠 대원씨는 3주 꼬박 중환자실 앞을 떠나지 못했다고 한다. 사람들이 출입할 때 열리는 문 사이로 잠깐이라도 딸을 보기 위해서였다. 그렇게 떠날 줄 알았다면, 그것이 마지막일 줄 알았다면 더 많이 보고, 더 오래 안아 줬을 텐데……

대원씨의 눈물에 우리 모두 울음을 삼켰다.

▎가족들이 모두 당했다

가습기살균제 참사가 더 참혹했던 네 번째 이유는 바로 피해자 절반 이상이 가족 단위라는 것이다. 우리는 대전에 사는 한 가족을 찾아갔다. 제작진을 마주한 장진우씨는 집 안에 들어오기 전에 손을 닦고, 세정제로 소독해줄 것을 요구했다. 장씨의 호흡기도 좋지 않았지만, 집 안에 폐 이식을 받은 환자가 있기 때문이었다. 그의 아내, 이혜영씨는 가습기살균제 때문에 생사를 오갔다. 2011년 4월. 원인을 알 수 없는 폐 질환으로 인한 산모들의 잇따른 사망 소식이 전해지던 그때다.

혜영씨의 증언이다.

"병원에 5개월쯤 있었을 때 거의 시체처럼 있었어요. 못 일어나고, 그냥 죽은 사람이나 마찬가지였어요."

4월에 발병해 7월까지 혜영씨는 죽음의 문턱에 서 있었다. 산소호흡기와 체외순환기에 의지해 겨우 연명해가던 나날이었다. 의사로부터 마음의 준비를 하라는 말을 들은 장씨가 장례식 절차를 알아본 그 다음날, 기적적으로 공여자가 나타나 폐 이식을 받고 살아났다. 말 그대로 기적이었다. 하지만 딸아이에게는 기적이 일어나지 않았다.

아내보다 1년 먼저, 똑같은 병마와 싸웠던 예영이는 살아나지 못했다. 예영이는 장씨가 마흔셋에 얻은 딸이었다. 늦은 나이에 결혼해 얻은 딸이라 사랑도 남달랐다. 생후 34개월 예영이는 유독 애교가 많아 엄마 아빠에게 늘 웃음을 주는 천사였다. 장씨는 "진짜 아까운 애가 갔어요. 진짜 아까운 애가 갔어요"라며 말을 잇지 못하고 울음을 터트렸다.

세 돌 생일을 한 달 앞두고 예영이는 숨을 쉬지 못하고, 피를 토하다 눈을 감았다. 장씨 역시 그때는 예영이가 왜 그토록 처참하게 죽어야 했는지 알 수 없었다. 그런데 1년 뒤, 아내가 죽은 딸과 똑같은 증세로 중환자실에 입원했다. 폐는 딱딱하게 굳어갔고, 산소호흡기 없이는 숨을 쉴 수가 없었다.

생사의 갈림길에서 폐 이식을 받고 겨우 한숨 돌리고 있는 중에 장씨는 원인을 찾았다는 소식을 들었다. 아내와 딸을 괴롭힌 '원인 미상 폐 질환'은 자신이 열심히 가습기에 넣던, 그 가습기살균제였던 것이다. 아내 혜영씨는 자신과 똑같은, 아니 더한 고통을 겪다 떠난 딸만 생각하면 지금도 숨을 쉴 수가 없다. 혜영씨는 고통을 호소하며 말했다.

"제가 아파서 숨을 못 쉬니까 애가 얼마나 고통스러웠는지 알겠더라고요. 34개월이면 자기표현이 다 안 되는 나이거든요. 숨이 얼마나 안 쉬어졌겠어요. 그걸 표현을 못 한 거니까, 정말 있을 수가 없는 일이에요. 애는 죽음이 뭔지도 모르고 간 거예요. 대한민국에서 정말 있을 수가 없는 일이에요."

지켜주지 못한 미안함. 6년이 흘러도 자식을 먼저 보낸 부모의 죄책감은 쉽게 지워지지 않는다. 장씨 부부는 예영이를 하늘나라로 떠나보낸 그날 이후, 납골당을 단 한 번도 찾지 못했다고 했다. 차마 마주할 자신이 없다는 부부는 우리에게 간곡하게 부탁을 전했다. 납골당을 찾아 예영이가 잘 있는지 보고 와달라는 것이다. 아이를 지켜주지 못한 부모로서 미안함과 죄책감의 무게가 얼마나 컸으면 그랬을까.

우리는 장씨 부부를 대신해서 납골당을 찾았다. 가습기살균제에 참혹하게 짓밟힌 아이. 그 비극을 마주하는 일이 우리에게도 쉽지 않았다. 불과 34개월, 짧디짧은 생을 살다 간 생명. 아이를 떠나 보낸 것도 모자라 나머지 가족 모두가 병마와 싸워야 하는 상황. 이 가족의 고통은 어떻게 보상해야 할까. 우리는 납골당의 예영이 모습을 카메라에 담아 장씨 부부에게 전달했다. 6년 만에 보는 예영이 모습에 부부는 긴 시간 통곡을 멈추지 못했다. 우리는 어떤 위

아이에 대한 죄스러움 때문에 납골당을 못 찾아간다는 부모를 대신해 〈이규연의 스포트라이트〉 팀이 찾아가서 기도했다.

로도 전할 수 없었다. 참담할 뿐이었다.

정말 조그만 화학제품 하나 때문에 온 가족의 폐가 뚫린 상황을 상상이나 할 수 있었을까. 미리 대처할 수 있던, 선량한 사람들을 죄인으로 만든, 어린 생명과 가족 전체를 파괴시킨, 전대미문의 비극. 과연 이런 대참사를 초래한 사람들을 어떻게 해야 할까.

■ 피해자 가족들의 심리를 담은 그림들

〈이규연의 스포트라이트〉팀은 피해자 가족들에게 심경을 담은 그림을 그려 달라고 요청했다. 그림 속 인물들의 형태는 왜곡됐고, 어두운 느낌이다.

'꿈에서라도 우리 아
들 볼 수 있다면……'
2006년에 30개월의 아
들을 잃은 한 엄마의
그림.

장난스럽게 웃던 우리 진엽이
너무도 보고싶다!
꿈에서라도 난 보 수 있다면...

우리 가족도 다른 가족들처럼 건강하고
행복하게 살고 싶었습니다.
지난 13년의 고통은 우리 가족들에게 너무
불행하고 힘든 세월이었습니다.

옥시는 피해자와 그 가족들에게 진심어린
사과와 재발방지 대책을 내놔라!

'우리 가족도 행복하게 살고 싶
었습니다.'
2015년에 13년간 투병 생활을
하다 사망한 이시연씨의 남편
이예도씨가 그린 그림.

'아이가 떠난 지 8년, 가슴에 난
구멍은 아물지 않아.'
2008년에 숨진 아들 준원이를
그리워하는 곽윤희씨의 그림.

'나쁜 어른들 때문에 내 목에 구멍이 났어요.'
목에 구멍을 내고 산소튜브를 삽입한 채 사는 6살 박나원양의 그림.

'엄마가 죽을까 봐 무서웠어요.'
2010년 생후 34개월이던 동생을 잃고 엄마도 투병 생활 중인 8살 장세영군이 그린 그림.

'악마의 가습기살균제……'
생후 16개월의 딸을 잃고 2011년 본인도 폐 이식을 한 백현정씨의 그림.

02

악마의 물질이
탄생하다

봄은 왔지만 침묵의 봄이었다.

– 레이첼 카슨

침묵의 봄, 그리고 바이오사이드 재앙

미국 조류학자인 올가 허킨스Olga Huckins가 한 생물학자에게 흥미로운 편지 한 통을 보낸다. 얼마 전 자기 집 주변에 모기 살충제를 뿌렸는데, 다음 날 일어나 보니 살포 지점 근처에 새가 죽어 있었다는 내용이었다. 허킨스는 동식물에 무해하다고 알려진 살충제가 실제로 환경에 치명적인 영향을 줄지 모른다는 의심을 한다.

이 편지를 받은 사람은 생물학자이자 과학저널리스트인 레이첼 카슨Rachel Carson이었다. 그녀는 1937년부터 1952년까지 미국 정부 기관에서 생물학자로 일했다. 하지만 어릴 적 꿈인 작가가 되기 위해 연구를 그만두고 신문·잡지에 글을 쓰는 일을 시작한다.

이 편지를 받은 레이첼 카슨은 책을 집필하기 위한 조사에 들어간다. 이후 그녀는 환경운동사에 영원히 남을 역작, 《침묵의 봄》을 출간하게 된다. 근대적 환경운동을 알리는 출사표와도 같은 《침묵의 봄》은 바이오사이드Biocide의 위험을 알린 첫 번째 대중서이기도 하다. 바이오사이드의 사전적 의미는 '바이오Bio'를 죽이는 물질, 우리말로는 '살생물제'라는 뜻이다. 인간에게 해로운 대상이나 물질에 화학적 또는 생물학적 작용을 일으켜 그 유해성을 떨어뜨리는 미생물이나 화학물질을 말한다. 의료계나 농업, 가정에서 많이 쓰는 살충제·살균제·소독제·보존제·항균제 등이 그것이다.

이 책에서 새를 죽게 한 살충제는 DDT였다. DDT는 '다이클로로 다이페닐 트라이클로로에테인'이라는 복잡한 명칭을 가진 화합물이다. 곤충의 신경세포에 작용하여 나트륨이 세포막을 이동하는 것을 막아버림으로써 살충효과가 나타난다. 개발 당시에는 해충에 강력한 살생 효과를 내면서도 다른 생물체에는 거의 영향을 주지 않는 물질로 알려졌다.

20세기 들어 서구사회는 식량 생산을 늘리기 위해 살충제, 제초제 같은 농약을 쓰기 시작했다. 20세기 초반에 만들어진 살충제에는 비소와 납 같은 중금속이 들어가 있었다. 중금속의 특성상 살포하면 토양과 인체에 잔유물이 남아서 환경과 인간에 치명적인 영향을 주었다. 그러던 중 1940년대 비소나 납을 대체할 '안전한' 살충제가 등장해 농약시장을 급속히 평정했다. 그것이 바로 유기염소제인 DDT였다. DDT의 살충 효과는 1939년에 스위스 화학자 뮐러가 처음으로 확인했다. 곤충에게 매우 강하고 빠르게 독성 자극을 주면서도 식물과 일반 동물에게는 무해하고, 값이 싼 화학물질을 연구하다가 이 물질을 찾아냈다. 그는 1940년 DDT를 살충제로 특허를 낸다. 그리고 DDT는 1942년에 미국 콜로라도 감자 딱정벌레를 박멸하는 데 뛰어난 효과를 보인다.

DDT는 식량을 늘리는 데뿐만 아니라 질병 퇴치에도 중요한 역할을 했다. 특히 제2차 세계대전 때, DDT는 미군 주둔지의 말라리아 모기를 없애는 데 큰 기여를 했다. 하지만 전쟁이 끝나자 DDT의 수요는 급격히 줄어들었다. 수요가 넘치는 공급을 따라가지 못한 것이다. 미국 정부는 이를 해결하기 위해 민간용 DDT 제품을 본격적으로 만들어 보급하기 시작한다. 이때까지 DDT는 값싸고 안전한 '이상적인 화학물'로 통했다.

하지만 일부 과학자와 환경운동가는 일찌감치 DDT가 건강에 해를 끼칠 수 있다고 생각해 이를 민간 방역에 쓰는 데 반대했다. 하지만 이들의 활동은 DDT 사용을 막는 데 역부족이었다. 1957년에는 불개미 박멸프로그램의 일환으로, 사유지에도 DDT를 무분별하게 사용하게 된다. 이에 반대하는 지주들이 법정 소송을 제기했지만 패소했다.

레이첼 카슨은 무려 4년간, DDT를 비롯한 각종 살충제에 대한 자료 조사를 벌인다. 그리고 이들 화학물질이 토양과 동식물에게 광범위한 해를 끼친다는 사실을 확인했다. 해충을 죽이기 위해 쓴 살충제로 인해 해충의 내성은 더욱 강해지고, 생태계의 먹이사슬을 타고 거의 모든 생물체 내에 그 독성이 차곡차곡 쌓인다는 사실을 확인한 것이다. 카슨은 "과학적 무기가 곤충을 향해 총부리를 들이대고 있지만, 사실상 그 총부리는 우리가 사는 이 지구를 향해 있다"고 말했다.

한 화학회사는 《침묵의 봄》이 출판되는 것을 막기 위해 책의 내용이 사실과 다르다는 소송을 제기했다. 하지만 카슨의 의지를 꺾지 못했다. 결국 1962년 가을, 책은 세상에 나온다. 그리고 출간된 해 60만 부가 팔리는 베스트셀러가 된다. 미국 랜덤하우스 출판사가 선정한 20세기 100대 논픽션 중에서 5위로 선정될 정도로, 이 책은 대중에 환경보호의 필요성을 일깨우는 데 결정적인 역할을 했다.

《침묵의 봄》을 읽은 미국의 한 상원의원은 당시 케네디 대통령에게 자연보호 전국순례를 건의했으며, 이를 계기로 4월 22일 지구의 날이 제정되기도 했다. 실질적인 변화도 생겨났다. 미국에서 DDT 사용을 줄이기 위한 환경운동이 시작돼 전 세계적으로 퍼져나갔고, 그 결과는 놀라웠다. 머지않아 DDT는 사용이 금지됐다.

이렇듯, 《침묵의 봄》은 DDT 같은 살충제가 자연환경에 미치는 영향을 고발했다. '바이오사이드 재앙'을 경고하는 서막을 연 것이다. 그렇다면 21세기, 대한민국에 들이닥친 '가습기살균제 대참사'는 어떻게 규정할 수 있을까. 국내의 한 화학자는 이렇게 선언했다.

"전 세계에서 일어난 바이오사이드 재앙 중 최악의 참사다."

가습기살균제 출시와 판매 기록

1994년 11월
유공 '가습기메이트' 최초 개발 및 시판

2000년 10월
옥시 '옥시싹싹 뉴 가습기당번' 출시

2004년 12월
홈플러스 '홈플러스 가습기청정제' 출시

2006년 11월
롯데쇼핑 '와이즐렉 가습기살균제' 출시

2009년 1월
세퓨 '세퓨 가습기살균제' 출시

2000~2011년
20여 종 가습기살균제 제품, 매년 60만 개씩 판매

▍시장에 안전장치는 없었다

1994년 유공현 SK케미칼에서 출시한 '가습기메이트'는 우리나라 최초의 가습기살균제였다. 유공이 18억 원을 들여 개발에 성공했다는 가습기살균제로, 기업 측의 개발 배경은 질병관리본부가 2014년 12월 발표한 〈가습기살균제 건강피해 사건 백서〉를 통해 미루어 짐작할 수 있다.

1980년 유공의 석유 위주의 에너지 분야 경영권을 선경이 인수하고 에너지와 석유화학 2개 분야의 사업 구조를 추진한다. 석유화학은 나중에 화학 분야로, 그리고 고분자, 생물공학, 정밀화학으로 영역을 확장하게 된다. 석유사업 분야의 장기적 성장한계에 위기의식을 느낀 회사는 의약, 생명공학이 포함된 정밀화학 사업 분야의 진출을 바라보게 된다. 그리하여 1985년 연구소가 설립되고 생물공학연구팀은 1988년 원유 및 석유제품 보관 때 발생하는 곰팡이에 의한 제품 품질 저하를 해결하기 위한 연구를 시작한다. 그 결실로 1990년 천연 해조류로부터 새로운 곰팡이 제거 물질을 개발하게 된다. 이를 제품명 '팡이제로'로 시장에 판매한 것이 1993년이었다. 이를 시작으로 이 회사는 기존 제품의 문제점을 보완하기 위하여 상품의 종류를 확대하는 신제품 개발에 착수하여 1994년 가습기메이트를 출시했다.

이 분야의 신제품 개발에는 회사 간 경쟁이 치열한 것을 알 수 있는데,

油公, 가습기 살균제 시판

유공 바이오텍 사업부는 가습기 물에 넣어 사용하면 수인성 세균을 1백%없애주는 가습기 살균제(제품명 가습기 메이트)를 개발, 시판에 들어갔다고 15일 밝혔다.

약 18억원을 들여 개발에 성공한 이 제품은 2백30㎖ 용량의 가격이 4천원으로 가정용 2ℓ짜리 가습기에 23번가량 쓸 수 있는 분량이다.

유공이 이 제품 개발에 착수한 것은 가정에서 널리 쓰이는 초음파 가습기가 이끌한 물을 갈아주지 않으면 처음의 10배가 넘는 세균이 번식해 오히려 건강을 위협할 수 있다는 소비자단체의 지적에 따른 것이다.

유공은 살균제원액을 0.5%로 희석해 가습기물에 흔히 들어있기 쉬운 콜레라·포도상구균을 수인성 질병균에 대해 시험해본 결과, 24시간이 지나면 1백%의 살균효과를 보이고 있으며 인체에는 전혀 해가 없는 것으로 나타났다고 밝혔다.

이 회사는 미국등 선진국에도 물때를 제거하는 제품은 있으나 살균용 제품은 없는 점에 착안, 내년중 북미지역에 수출키로 했다. <鄭>

현대강판 울산에 냉연강판공장

현대강판이 경남 울산시 방어동에 냉연강판공장을 건설하기로 15일 발표했다. 내년 6월 착공, 97년 6월부터 가동에 들어가는 이 냉연강판공장은 부지 10만평에 건평 5만평 규모로 준공까지 모두 5천7백80억원을 투자할 예정이다.

이 공장에서는 연간 일반 냉연강판 70만ｔ, 전기아연도금강판 20만ｔ, 용융아연 도금강판 20만ｔ, 착색도장강판 20만ｔ등 총 1백30만ｔ의 각종 최강재가 생산된다.

현대강판은 소요자금중 3천80억원을 국내에서 조달하고 나머지는 해외조달한다는 계획이다.

1994년 유공이 가습기살균제를 처음 개발해 판매를 시작했다고 소개한 신문 기사. "물에 넣어 사용하면 수인성 세균을 100퍼센트 없애준다"고 홍보했다.
©중앙일보 1994.11.16

'팡이제로'가 시장에 나와 불티나게 팔리자 몇 달 후 LG화학이 경쟁상품인 '곰팡이 아웃'을 내놓는다. '팡이제로'의 개발과 시판을 살펴보면 유공이 새로운 물질을 개발한 후 3년 만에 시판하게 된 것을 알 수 있다. 그리고 상품의 종류를 바꾸어 가습기에 사용하게 되는 기간은 1년 이하로 나타났다.

결국, 살균제 시장에서 벌어진 치열한 경쟁 속에서 살인물질이 탄생했다는 것이다. 유공이 출시한 '가습기메이트'는 시장을 선점했다. 하지만 이 제품을 개발하면서 흡입독성은 물론, 경구나 피부독성 실험조차 하지 않았다. 물론 어떤 책임도 언급한 적이 없다. 이에 대해 독성학자인 이종현 박사가 CMIT/MIT의 위험성을 다음과 같이 밝혔다.

"이 물질은 한 번 인체에 들어가면 배출이 안 돼요. 물에 잘 녹는 성분이다 보니, 폐 속 깊숙이 들어가서, 폐가 걸러내질 못 하죠. 입자 크기가 초미세먼지보다 작은 '나노' 크기의 물질이기 때문입니다."

결국, 이 물질이 흡입을 통해 기도와 폐 속으로 침투하여 끔찍한 결과를 초래할 수 있다는 의미다. 이후 유공의 시장 선점을 저지하기 위해 후발 경쟁 상품들이 출시되기 시작했다. 1998년 옥시 제품도 별다른 제재없이 시장에 등장했다. 점점 독한 화학제품들이 슈퍼마켓과 할인점에서 팔리기 시작했다. 그렇다면 소비자들은 왜 가습기살균제에 열광했을까?

1990년대 후반 즈음, 우리나라에는 아파트형 주거문화가 급속히 확산됐다. 아파트 실내는 매우 건조했다. 따라서 거주자들의 가습기 사용이 증가하게 됐다. 가습기 이용이 늘자, 언론은 가정에 널리 보급된 가습기를 청소하지 않으면 세균이 번식해서 인체에 해를 끼칠 수 있다는 내용의 보도를 하여 가습기살균제 사용을 권고했다. 4,000원 선의 저렴한 가격과 간편한 사용 방식의 가습기살균제는 소비자들에겐 최적의 살균 상품이었다. 하지만 소비자들이 건강을 지켜줄 거라 믿었던 것과는 달리 가습기살균제는 기업의 이윤을 올리기 위한 일등공신에 불과했다.

최초 제품이 만들어지고 난 뒤 건강을 위해 탄생한 물건은 곧 사람들의 목숨을 앗아가는 악마의 물건이 되어버렸다. 제품 속에 들어 있는 원료물질이 그 원인이었다. 인체에 무해하다던 광고와는

'가습기메이트' 신문 광고. 살균제의 위험성은 전혀 알리지 않고 사용을 권고했다. 2000년대 초반 유해성 문제가 대두했지만, 그때도 기업들은 제품 홍보에 열심이었다.

달리, 강력한 독성 물질이었다.

그러나 가습기살균제를 만들어 판매하고 있는 기업들은 이미 허가받은 이 제품의 홍보에 열을 올렸다. 지금 보면 기가 찬 문구를 기업체에서는 엄연히 사용하고 있었다. 하지만 당시 이런 홍보는 일반인에게 호흡기 질환에 대한 불안감을 줄여주었다. 이 과정에서 옥시에 이어 애경, 홈플러스, 롯데마트, 이마트 등이 가습기살균제 시장에 뛰어들며 세계에 유례없는 참사가 발생했다.

1994년 유공의 최초 제품 이후, 장장 17년 동안 무려 800만 병이 팔렸다. 사용한 국민만 1,000만 명으로 추정된다. 그 결과는 잘 알려진 바와 같다. 1,000여 명의 사상자를 낳았고, 피해 상황은 지금도 진행형이다.

▌친환경으로 포장된 가습기살균제 원료들

1994년 유공이 가습기메이트를 출시하고 시장의 반응을 얻으면서 기업들은 경쟁적으로 가습기살균제를 출시했다. 가습기메이트에 사용된 CMIT/MIT를 포함, 각 제품들에는 PHMG와 PGH 등 유해물질들이 검증 없이 사용됐다. 아래 표는 2014년 질병관리본부가 〈가습기살균제 건강피해 백서〉에서 밝힌 가습기살균제의 제품별 사용순위와 성분 리스트다.

사용순위	제품명	주성분
1	옥시싹싹	PHMG인산염
2	가습기메이트	CMIT/MIT
3	이마트 가습기살균제	CMIT/MIT
4	홈플러스 가습기살균제	PHMG인산염
5	롯데마트 가습기살균제	PHMG인산염
6	가습기클린업	PHMG염산염
7	세퓨	PGH
8	아토세이프 가습기항균제	에탄올(에틸알코올)
9	아토오가닉 가습기살균제	PG

가습기살균제 출시 상품들과 원료 성분

CMIT/MIT

'가습기메이트'를 판매한 애경은 SK그룹 계열인 동산C&G로부터 판권을 인수해 2011년까지 판매했다.

1960년대 후반 '롬 앤드 하스Rohm&Haas' 사가 '카톤 CG'라는 제품을 통해 CMIT/MIT메칠클로로이소치아졸리논/메칠이소치아졸리논를 처음으로 시중에 선보였다. 1977년에는 미국 환경청에 최초로 등록되었고, 2007년에 또다시 재등록되었다. 독일의 '토르THOR' 사는 2010년, 미국 식품의약청으로부터 식품 포장지 외 4개의 용도로 MIT 사용 허가를 얻었다. 1960년대 후반에 '롬 앤드 하스' 사에 의해 개발되었던 CMIT/MIT는 특허가 만료된 1990년대 이후부터 세계 어느 나라에서든 새로운 용도를 개발하여 특허를 얻고 사용할 수 있게 되었다.

SK케미칼이 최초의 가습기살균제 제품을 개발한 지 4년 뒤인 1998년, 미국 환경보호국과 유럽연합은 CMIT/MIT를 유해물질로 지정했다. 미국 환경보호국은 흡입독성에 대한 위험성을 지적한 평가보고서까지 냈다. 하지만 국내에서는 2012년 9월, 유독물로 지정될 때까지 아무도 주목하지 않았다.

결국 CMIT/MIT는 1996년 12월 1일 자로 유독물이나 관찰물질, 취급제한물질의 범주가 아니라 일반 기존 화학물질로 고시되어, 법적인 제재나 관리를 받지 않고 유통되었다. 이미 해외에서는 이 성분에 대한 위해성을 지적한 보고서들이 있었음에도, 국내에서는 아무런 제약 없이 계속 판매되어 왔던 것이다. 가습기살균제 피해자 모임의 이은영 대표는 "전문지식이 거의 없는 일반인도 어렵지 않게 물질에 대한 위해성을 확인할 수 있었다"고 말했다. 얼마나 정부 관리가 허술했는지 보여주는 대목이다.

이덕환 서강대 화학과 교수는 "CMIT/MIT의 독성 자체는 PHMG와 PGH보다 높다"며 "증기로 흡입하면 안 되는 성분을 한국에서는 가습기살균제에 쓴 셈"이라고 말했다. 그는 이어 "해당 성분은 폐 깊숙이 침투하는 가습기살균제 물질인 PHMG나 PGH와는 달리, 피부 자극성이 높아 코나 기도 점막 등에 영향을 줄 가능성이 높다"고 우려했다. 실제로 취재진이 만난 애경 가습기살균제 사용자들의 대부분은 호흡기 이외에도 많은 부분의 불편을 호소했다.

PHMG

2000년 옥시레킷벤키저Oxy Reckitt Benckiser, 이하 옥시가 출시한 '옥시싹싹 뉴 가습기당번'은 2000~2011년 제조돼 600여만 개가 판매됐다. 지금까지 사망자 73명을 포함해 총 181명 이상의 피해자를 냈다. 이 제품의 주성분은 독성 화학물질인 PHMG폴리헥사메틸렌구아니딘이었다.

이 성분은 2000년 5월 20일 국립환경연구원 고시집에 '유독물 등에 해당하지 아니하는 물질'로 등재 후 시중에 유통되었다. 하지만 유럽연합에서는 1998년 이 물질에 대한 살생물제 관리지침이 마련돼 2003년 시행에 들어가는 상황이었다. 정부가 조금만 더 관심을 가졌다면 유독물로 등재될 수도 있었던 성분이다.

PHMG 원료를 갖고 SK케미칼이 제품화한 상품명은 'SKYBIO 1100'이었다. 2003년 3월, SK케미칼은 SKYBIO 1100을 호주에 수출하기 위해 호주당국에 '국가산업용 화학물질 등록 및 평가 절차'를 진행했다. 그러면서 한국독성연구소의 독성 실험 결과와 자체 실험 결과를 제출했다. 당시 제출된 보고서에는 "PHMG를 섭취하거나, 흡입 시 위험할 수 있다"는 내용이 포함됐다. 이는 SK케미칼이 PHMG 원료의 유해성을 이미 인지했다는 것을 알려주는 정황이다.

.

PGH

PGH염화에톡시에틸구아니딘는 국내 중소기업 '버터플라이이펙트' 사가 제품화한 세퓨 가습기살균제의 주성분이다. PGH 역시 2003년 유독물에 해당하지 않는 물질로 환경부에 등록되었다. 2004년에는 식품의약품안전청 식품위생법 고시로 식품첨가물의 기준 및 규격에 새로운 항목으로 추가되었다. 하지만 규제 완화 차원에서 PGH는 제출자료 면제대상 물질이 됐다. 환경부나 식약처에 이 물질을 등록하는 경우, 안전성자료를 제출할 의무가 없어졌다.

세퓨는 2009년 출시되었다. 원료물질을 덴마크의 '케톡스KeTox' 사에서 구입하여 제품의 주성분으로 사용한 것이다. '1'을 넘어도 위험하다는 독성값이 무려 '1만'을 넘었다는 세퓨. 2009년 출시돼 인터넷 광고를 통해 소문이 났다. 유럽연합이 인증한 덴마크 친환경제품이란 홍보가 제대로 통했다. 어떤 물질보다 독했지만 아이 키우는 엄마들이 많이 구입했다. 그리고 대규모 피해가 시작됐다. 짧은 시간에, 상대적으로 적게 팔렸는 데도 지금까지 최소 14명 사망을 포함, 총 28명의 사상자를 냈다.

취재진은 덴마크에서 프레드 담 가드 '케톡스' 사 대표를 단독으로 인터뷰했다. 그는 우선 한국에서 PGH 성분이 들어간 세퓨가 친환경제품으로 판매되었다는 사실에 어이가 없다는 반응이었다. 다음은 그와의 인터뷰 내용이다.

"한국에서 친환경 인증 제품으로 팔렸다는 것은 말도 안 되는 일입니다. 화학물질은 결코 생태적일 수 없습니다. 우리는 제품을 팔 때 그렇게 소개하거나 말한 적이 없어요. 정말 기가 막히네요."

PGH는 1997년 오스트리아에서 개발되었고 2002년 유럽에서 살생물제로 등록됐다. 개발에서 등록까지 안전성을 증명하는 다수의 자료가 만들어졌다. 유럽에서 10개의 다양한 제품 형태로 개발이 되었으나 가습기살균제 제품의 형태는 등록되지 않았다.

케톡스 사 대표는 다음과 같은 충격적인 얘기도 해주었다.

"이 물질은 수질정화와 농업에 사용되었습니다. 돼지나 가금류에 이용됐죠. 제품이 흡입 가능한 형태인 스프레이 등으로 사용되면 반드시 마스크와 장갑을 사용해야 합니다. 제품 안의 서류에 이러한 내용이 적혀 있습니다."

결국, 세퓨 제품에 대한 설명은 모두 가짜였다. 병원용 소독제,

분수대 소독제, 축사의 분뇨 소독제 등으로 쓰이는 물질이 한국으로 건너와 인체 흡입용으로 둔갑한 것이다. 흡입 경고문까지 첨부돼 있었던 것으로 보인다. 이 성분도 다른 성분과 마찬가지로 조금만 주의를 기울였더라면 독성물질임을 충분히 알 수 있었다. 원료물질 PGH에 대해, 노동부는 〈2007년 화학물질 명칭 유해성 취급기준 고시〉에서 "증기 노출작업 때 호흡용 보호구를 착용하고 작업해야 한다"고 다음과 같이 발표했다.

- 증기 등이 발생하는 장소에는 국소 배기장치 등 적절한 환기시설을 설치할 것
- 증기 등에 노출되는 작업에는 취급 근로자가 호흡용 보호구 등 적절한 개인 보호구를 착용하고 작업하도록 할 것

결국 위 세 가지 성분의 원료가 국내에서 가습기살균제로 제품화되기까지 그 어떤 법적·제도적·사회적 장벽이 없었던 것으로 보인다. 안전성 경고와 예고도 모두 무시되었다. 이미 살균제의 주성분에 대한 위해성이 외국에서 많이 알려졌음에도 그대로 제품화됐다. 국내 소비자들의 필요에 부합하여 개발하였다고는 하지만, 외국에서는 개발할 생각조차 못 했던 변종제품이 국내에서 만들어진 것이다. 신제품 개발로 새로운 화학물질을 다루어 본 경험이 전무한 국내 산업계는 경쟁에 밀려 소비자의 안전에 대한 고려 없이 허

위 마케팅과 광고를 했다.

무지한 자가 용감하다고 했던가. 기업과 판매업체, 정부기관들은 안전성 검증 시스템을 작동하지 않은 채 친환경 제품으로 둔갑시켰다. 그들은 국내에서 가습기살균제 생체실험을 한 것이나 다름 없었다.

▌악마는 목구멍으로 들어온다

왜 국내에서만 가습기살균제가 개발되어 버젓이 출시되었을까. 이는 CMIT/MIT 성분이 가습기메이트로 개발될 당시부터 경쟁 제품이 만들어져 유통되기까지 어떠한 법적 제재가 없었기 때문이다.

가습기살균 제품이 출시될 당시 제품의 안전성 관리는 크게 세 가지 법의 테두리 안에 있었다. 품질경영 및 공산품 안전관리법이하 품공법, 유해화학물질 관리법, 약사법이다. 가습기살균제는 당시 공산품으로 분류되어 품공법의 관리대상이었다. 신체기관을 통해 직접 흡수되는 품목은 화장품법, 약사법 및 식품 위생법의 관리가 들어가 엄격한 안전성 심사를 거쳤지만, 가습기살균제는 겉으로 보이는 특성상 해당되지 않았다. 각 규정의 세부적인 내용과 절차는 다음과 같다.

품질경영 및 공산품 안전관리법

품공법은 안전인증제도 및 자율안전확인제도, 두 분류로 나누어진다. 안전인증제도는 안전인증기관으로부터 제품 검사와 공장 심사를 통해 공산품에 대한 안전성을 즐명하는 제도다. 자율안전확인제도는 제조업자 등이 안전기준에 적합한 지 '스스로 확인하여' 안전인증기관에 신고하는 것으로 인증을 받는 제도다.

가습기살균제는 안전인증제도를 거쳐야 하는 4개 분야 13개 품목에 포함되지 않고, 자율안전확인 대상인 생활화학 가정용품 내 세정제로 인정되었다. 유해성분의 표시사항 중 성분, 독성 항목이 안전성과 관련 있는 항목이지만 무용지물이었다.

성분 항목은 계열만을 표시하도록 하여 자세한 성분의 정보를 알 수 없었다. 독성 항목은 염산, 황산, 수산화나트륨, 수산화칼륨, 테트라클로로에틸렌, 트리클로로에틸렌 함유 여부로 한정되었기 때문에 안전관리 대상의 성분이 아니었던 것이다.

유해화학물질 관리법

품공법에서 독성에 대한 정보는 유해화학물질 관리법에 따른다. 유해화학물질 관리법상 제한물질, 유독물질, 관찰물질로 지정한 물질인 경우 '독성 있음'을 표시하도록 하고 있다. 유해화학물질 관리법은 화학물질의 유행성 및 위해성 평가를 통해 안전성 평가를 하도록 되어 있다. 이런 평가가 이뤄지기 위해서는 유해성 및 위해

성 평가 대상물질에 해당되어야 한다. 하지만 가습기살균 제품의
주 원료물질들은 기존 화학물질로 분류되어 어떠한 안전성 평가도
받지 않았다.

신규화학물질을 제조·수입 하는 자는 신규화학물질의 안전성
자료물리·화학적 특성에 관한 자료, 인체 및 생물체에 한 독성자료, 분해성에 관한 자료를 제
출하여 유해성 심사 신청을 할 의무가 있다. 반면 기존 화학물질을
제조·수입 하는 자는 안전성 자료 제출 및 유해성 심사 신청 의무
가 없다.

신규화학물질은 안전성 평가가 기본적으로 이루어질 수 있는 반
면 기존 화학물질은 정부가 안전성 자료를 자체적으로 생산해야
평가가 가능한 구조다. 그런데 안전성 자료 생산에는 돈과 인력이
들어간다. 이 때문에 기존 화학물질의 안전성 평가는 매년 20여 종
에 대해서만 이루어지고 있었다. PHMG, PGH와 CMIT/MIT는 그
20여 종에 포함되지 않았고 결국 어떠한 안전성 평가도 받지 않았다.

약사법

약사법상 의약 외품으로 지정되면 허가를 받아야만 유통이 가능
하다. 허가 과정에서 제품에 대한 엄격한 안전성·유효성 심사를 받
게 된다. 공산품으로 관리하는 경우와는 비교할 수 없을 정도로 엄
격해진다. 하지만 이 물질들이 의약 외품으로 지정된 건 한참 뒤인
2013년도였다.

가습기살균제 제품이 만들어지고 유통되기까지 소비자를 보호해야 하는 법은 사실상 없었다고 봐야 한다. 정부는 해외에서 무수히 발표됐던 가습기살균 제품 내 물질의 독성에 대한 경고를 간과했음이 틀림없다.

PHMG는 2003년, CMIT는 1991년에 이미 강한 독성을 가진 물질이라는 것이 전 세계적으로 널리 알려져 있었다. 또한, SK케미칼이 2003년 PHMG 제품 수출을 위해 호주 정부기관에 제출한 자체 보고서는 흡입독성이 있음을 인지하고 있었다고 보아야 한다. 즉, 법제도가 충분하지 않았다 하더라도 기업들은 유해성을 알고 있었다고 볼 수 있다. 그럼에도 독극물질이 포함된 가습기살균제가 유독 국내에서만 동시다발적으로 유통되었다는 것을 어떻게 이해해야 할까.

우선 업체들은 법의 테두리를 벗어나는 편법으로 화학제품의 임의적인 용도 변경을 자행했다. 새로운 용도로 사용하면서 그에 필요한 안전성 평가를 받아야 했지만, 기존 화학물질로 둔갑시켜 유해성 심사를 피해갔다. 검증시스템을 철저하게 적용하지 않은 정부도 문제다. 정부는 '기업이 카펫살균제를 사람의 코와 입으로 흡입하는 가습기살균제로 용도 변경해서 기중에 판매할 줄은 생각하지 않았다'며 책임을 미루고 있다. 결국 가습기살균제 참사는 정부와 기업, 이 두 방관자들이 만든 대한민국 역사상 가장 비참한 사건임에 틀림없다.

03
모두가
허수아비였다

사람들도 생각 없이 말을 많이 하지 않나요?
– 동화《오즈의 마법사》의 허수아비

투명하지 않은 시장, '블랙박스'

'블랙박스 이론Blackbox Theory'은 소비자들이 복잡한 시장에서 도통 알 수 없는 과정이 존재한다는 것을 말해준다. 시장의 어느 부분들은 소비자에게 투명하지 않게 진행되며, 결국 소비자는 출력된 제품만 아는, 극히 제한된 정보로 살아간다는 것이다.

우리는 매일 음식을 섭취한다. 그 음식이 하루 종일 활동할 에너지를 만들어낸다는 사실쯤은 모두 안다. 하지만 이 음식이 활동 에너지로 변환되는 과정을 소상히 알고 있는 사람은 극히 드물다. 생화학자가 아니라면 굳이 과정을 알려고 고민하지도 않는다. 과정을 이해하려면 노고가 필요한 데다 그 과정을 안다고 해서 큰 보상이 돌아오지 않기 때문이다.

이 사례에서 음식이 에너지로 변화되는 과정을 '블랙박스'라고 할 수 있다. 입력음식과 출력에너지은 알지만 그 처리 과정은 무의식

의 세계, 즉 어두운 검정 박스의 세계에 놓여 있다.

이 '블랙박스'는 고대에도, 중세에도 있었다. 하지만 근대 이후 사회가 복잡해지면서 더욱더 주목을 받게 됐다. 과학기술이 발달하고 네트워크가 촘촘해질수록, 우리가 알려고 해도 알 수 없는 복잡한 과정이 많이 생겨나기 때문이다.

21세기 기술 집적체로서, 생활필수품인 스마트폰을 예로 들어보자. 우리는 매일 스마트폰 스크린을 터치한다. 하지만 스마트폰이 반응하게 된 모든 과정을 이해하는 건 전자공학 전공자가 아니면 어렵다. 이렇게 우리는 점점 블랙박스에 익숙해지는 것이다.

세상은 '접속의 시대'가 되고 있다. 어디에나 인터넷과 인공지능이 퍼져 있다. 마음만 먹으면 언제든지 검색이 가능하다. 스마트폰과 차세대 통신망의 보급으로 현대인들은 어디서든 전문지식을 찾을 수 있다. 정보 습득 자체는 큰 문제가 되지 않는다. 설사 '블랙박스'가 존재한다 하더라도, "세상이 다 그렇게 복잡하지 뭐" 하며 대수롭지 않게 여긴다. 굳이 구체적인 과정을 알 필요 없이, 맥락만 파악하면 된다는 생각이 현대인의 머릿속에 이미 자리 잡았다.

한번 생겨난 블랙박스는 더욱 파악하기 어려워진다. 블랙박스 스스로 시간이 지날수록 점점 많은 정보를 입력받아 처리하기 때문이다. 그 정보는 시시각각으로 변한다. 우리는 정보와 처리 과정을 따라잡기도, 수정하기도 어렵다. 따라서 모든 과정을 이해하기보다 더 효율적으로 원하는 결과를 얻어낼 방법을 모색하는 것이 현명하다. 복잡하고 바쁜 사회에서 블랙박스를 적절하게 두는 것은 어쩔 수 없는 일이다.

그렇다면 사람들은 어떤 조건이 만들어질 때 블랙박스에 더 관대해질까. 보통 신뢰할 수 있는 출처를 제시하면 블랙박스를 더 쉽게 받아들인다. 전문가가 제시하는 원인과 결과라면 그 과정을 알려는 고민을 접는다. 또 사람들은 처리 과정이 과학적으로 증명됐다고 주장하면 더욱더 의심을 거둔다. 입력과 출력 사이에 있는 과정에 크게 주목하지 않는다. 그러면서 첨단기술을 의심없이 받아들인다.

하지만 블랙박스에는 함정이 존재한다. 입력과 출력 사이에 거치게 되는 복잡한 단계 중 한 과정이 잘못돼서 엉망이 되면 이를 바로잡기 어렵다. 옛날 아날로그 기계는 잘못된 부품을 찾아내 교체하면 그만이지만 현대의 복잡한 전자기계는 원인을 찾아내기 어렵고, 고치는 것도 쉽지 않다.

또 한 가지, 중요한 점이 있다. 복잡계를 제대로 감시하지 못하는 국가와 기업은 큰 위기에 처한다는 것이다. 또 '권위'를 내세우는 전문가들에게 자신들의 복잡계를 맡겨, '처분'을 기다릴 수밖에 없는 상황이 된다.

가습기살균제 대참사는 블랙박스적 사건이라고 할 수 있다. 가습기살균제 제조업체들은 어린아이들에게도 안전한 성분만을 사용하여 살균제를 만들었다고 홍보했다. 정부는 '청부 연구'의 결과를 받아들여 안전성을 인정해주었다. 언론도 전문가들의 말을 인용해, 가습기에 균이 번식하면 어린아이의 호흡기에 문제를 일으킬 수 있다고 보도했다. 국민들은 가습기를 '안전하게 살균시켜 주는 마법의 물질'로 신뢰하고 사용했다. 이렇게 살균 메커니즘과 성분이 블랙박스 안에 들어가게 됐다. 수많은 소비자, 수많은 부모들이 그 '마법의 물질'에 치명적인 성분이 포함되었음을 전혀 모르고 살균제를 썼다. 오늘도 첨단 현대문명 앞에 우리 모두는 '허수아비'가 되고 있다.

한번 신뢰와 권위를 잃은 블랙박스는 더 이상 평화로운 존재가 아니다. 사람들은 블랙박스를 의심하고 위험하게 생각한다. 실제로 가습기살균제가 논란이 되자 섬유유연제를 비롯한 각종 제품들이 의심을 받고 있다. 좀 더 안전한 블랙박스, 아니 좀 더 안전하게 블랙박스를 감시할 방안은 없을까.

살균제 독성에 대한 국가 검증 과정

1991년
미국 환경청 〈가정용 가습기의 사용과 관리〉 문서에서
흡입 시 독성에 대해 경고

1994년 10월
환경부, SK케미칼(전 유공)의 '가습기메이트'에 대해 독성 실험 요구 안 함
"CMIT 성분은 신종이 아니라 기존에 사용하던 물질이라는 이유"

1997년 3월
옥시 제품 등에 쓰인 PHMG의 유해성 심사, 환경부 통과

2003년 6월
세퓨 제품에 쓰인 PGH의 유해성 심사, 환경부 통과

2007년 4월
국가기술표준원, '가습기클린업'에 KC마크 인증

2011년 8월
보건복지부 역학조사 결과
"가습기살균제가 원인 미상 폐 손상 요인으로 추정"

▋ 국민을 배신한 국가

2016년 5월 2일. 가습기살균제가 폐 손상 물질이라는 보건부 역학조사 발표가 나온 뒤 옥시가 5년 만에 피해자 앞에 고개를 숙였다. 이날 언론의 스포트라이트를 한 몸에 받았던 인물이 있다. 옥시의 무성의한 사과에 분노를 참지 못하고 단상에 올랐던 다민 아빠 최승운씨였다. 5년간 가슴에 응어리져 있던 울분을 토해내며 최씨는 "저도 여러분처럼 평범한 아빠였다. 내 스스로 자식을 서서히 죽였다"라고 외쳤다.

최씨의 딸 다민이는 100일 때까지 우량아란 소리를 들을 만큼 누구보다 건강한 아이였다. 그러나 2010년에 태어난 다민이는 채 두 해를 살지 못하고 세상을 떠났다. 짧은 삶을 살다간 딸이 안타까워 최씨 가족은 다민이의 유해를 제주도 바다에 뿌려주었다. 다민이가 저세상에서라도 전 세계를 여행하길 바라는 마음이었다.

다른 피해자들과 마찬가지로 최승운씨 부부 역시 자신들이 딸아이를 해쳤다는 죄책감에 고통을 받고 있었다. 일반적인 질병이나 불의의 사고로 가족이 사망한 경우와는 다른 차원의 고통을 피해 가족 대부분이 짊어졌다. 살인물질인 줄도 모르고 직접 제품을 구입했던 죄의식은 좀처럼 떨쳐내기 힘든 것이었다. 최승운씨는 다음과 같이 말했다.

"이 죽음은 저희가 가해자예요. 정부가 허가한 제품을 그냥 믿고 쓴 게 잘못이지만 제품을 사용한 행위 자체는 저희가 한 거예요. 남들은 정말 상상이 안 될 겁니다. 그 고통은 어떤 것과도 비교가 안 돼요."

다민이네 가족은 옥시의 '뉴 가습기당번'을 사용했다. 동네 슈퍼나 대형마트에서 누구든 살 수 있는 제품이었다. 안정감을 주는 미량의 라벤더향이 첨가돼 있다는 자랑과 함께 사용설명서에는 친절하게 이런 설명이 붙어 있었다.

가습기의 수증기는 직접 들이마시므로 자칫 기관지 점막을 자극해 호흡기 증상을 악화시킬 수 있기 때문에 세균 번식을 억제하기 위하여 물을 매일 갈아주더라도 2~3일에 한 번씩은 청소가 필요합니다. 가습기 내에

최다민양의 유해가 뿌려진 제주도 바다를 바라보는 다민이의 형제. 가족들은 다민이가 전 세계를 자유롭게 여행하기를 바랐다.

번식하는 세균과 물때의 발생을 근원적으로 막아줍니다. 가습기 물 교체 시 한 번만 넣어주셔도 효과가 지속됩니다.

다민이 가족 역시 제품설명서에 적힌 대로 정직하게 가습기살균 제를 사용했다. 가습기 물을 갈 때마다 10밀리리터씩, 약 5개월간 사용했다. 다른 피해자들에 비하면 사용 기간이 길지 않은 편이었 으나 불과 5개월 만에 재앙이 들이닥쳤다.

온 가족이 동물원에 소풍을 다녀온 며칠 후 다민이는 감기 증상 을 보이기 시작했다. 그런데 단순 감기인 줄 알았던 아이의 상태가 예사롭지 않았다. 감기약은 도통 듣지 않았고 보통 감기와 달리 숨 도 잘 쉬지 못했다. 최승운씨는 그 당시 상황을 떠올리며 "감기 기 운이 있어서 아이 엄마가 병원에 데려갔는데, 상태가 좀 심각하다 는 얘기를 들었다. 바로 대전에 있는 대학병원으로 옮겨야했다"고 이야기했다.

급성 호흡곤란 증상이 일어났을 때 다민이는 이미 자발호흡이 불가능한 상태였다. 병원에 입원하고 일주일 만에 다민이의 폐 기 능이 극도로 악화됐다. 인공호흡기로도 역부족이었다. 온몸의 피 를 빼 강제로 산소를 주입하는 에크모 치료까지 받았지만 상태는 호전되지 않았다. 돌을 갓 넘긴 다민이의 폐는 이미 염증과 섬유화 로 회복이 불가능한 상태였다.

피해자들은 대부분 날씨가 건조해지는 늦가을부터 초겨울에 가습기살균제를 많이 이용했다. 대다수가 환기가 되지 않는 방에서 최소 8시간 이상씩 노출돼 있었다. 결과는 참혹했다. 밀폐된 방은 독극물 실험실이나 다름없었고 피해자들은 꼼짝없이 실험실 동물 신세가 됐다.

독성학자 이종현 박사는 "피해자들의 노출 강도와 기간은 엄청나게 나쁜 조건이었다. 직장에서 화학물질을 취급하는 근로자들보다 훨씬 강한 노출이다. 그나마 근로자들은 개인보호장비를 착용하지만 가습기살균제 피해자들은 무방비로 당한 셈"이라고 말했다.

다민이는 증상이 시작되고 6개월간 투병하다 2011년 10월 사망했다. 고작 1년 8개월의 짧은 생애 중 3분의 1을 중환자실 병상에서 보내야 했다. 부모에겐 다민이가 하루라도 더 살았으면 하는 간절함과 이렇게 고통받느니 차라리 빨리 떠났으면 하는 두 마음이 전쟁을 벌인 시간이었다. 피해자 최승운씨는 다음과 같이 말했다.

"다른 아이들 대부분은 한두 달 만에 사망했는데 다민이는 건강하고 튼튼해서 5개월 이상 버틴 것 같아요. 다른 애들처럼 빨리 갔으면 차라리 좋았을 텐데 너무 고생만 하다 가서 마음이 아파요."

자식의 죽음은 신체 일부를 도려낸 것보다 지독한 고통이었다. 애써 잊어보려고도 했지만 그럴수록 딸의 모습이 더 또렷하게 떠올랐다고 최씨는 말했다. 다민이의 오빠인 첫째 아들 역시 폐 손상을 입었다. 최씨 가족 모두 육체적·정신적 후유증에 시달리고 있는 상태다. 가정을 지키려고 어떻게든 버티고 있지만 이미 많은 것이 무너졌다.

원래 최승운씨는 항공우주연구원에서 인공위성 부품을 개발하던 과학자였다. 다민이의 장례를 치르고 직장에 복귀했지만 온전한 정신과 마음으로 일을 하기가 힘들었다고 최씨는 말했다.

"아무렇지 않게 사람들과 대화하고 일하는 것 자체가 힘들었어요. 아무 말도 안 하고 싶고 아무 일도 안 하고 혼자 있고만 싶었어요. 그래서 아무도 모르는 곳으로 뛰쳐나온 거예요. 피해자 중에는 사건 이후 직업을 바꾸거나 이혼을 하거나 이사를 한 분들이 많아요. 가습기살균제 때문에 여러 가정이 파탄 난 겁니다."

사명을 갖고 국가를 위해 일했던 이 충실한 국민을 국가는 배신했다. 그는 "인체에 치명적인 제품을 만들어 판 것도, 이런 제품을 허가한 정부도 도저히 용서가 안 된다"고 말했다.

최승운씨의 분노는 피해자 대부분이 공통적으로 품고 있는 감정이다. 살인제품을 만든 기업보다, 이런 제품을 동네 어디서든 팔도록 허용해준 정부가 더 이해되지 않았다. 실제 가습기살균제의 탄생 과정을 들여다보면 과연 국가가 존재했는지 의문을 품게 된다.

응답하라 1994

1992년 14대 대선에서 김영삼 후보가 김대중 후보를 누르고 대통령에 당선됐다. 5·16 군사정변 이후 30년 만에 처음으로 문민정부가 탄생한 것이다. 군부에서 민간으로 세력 교체가 이뤄지면서 사회 곳곳에도 큰 변화의 바람이 불었다. '야타족', '오렌지족', 'X세대' 등 사회는 어느 때보다 자유롭고 풍족해 보였다.

그러나 수면 아래에서는 붕괴의 조짐이 나타나고 있었다. 김영삼 정권 2년 차인 1994년, 성수대교가 무너졌고 강남 부유층을 증오한 지존파의 엽기 살인도 모습을 드러냈다. 불행한 사건이 계속됐던 이때, 가습기살균제 사태의 불행도 잉태됐다.

1994년, 유공^{현 SK케미칼}이 세계 최초로 가습기살균제를 출시한다. 석유 에너지 기업이었던 유공은 바이오텍 사업팀을 만들고 스프레이형 곰팡이 제거제 등 생활용품을 개발하기 시작한다. 화학물질을 이용해 최초의 가습기살균제 '가습기메이트'를 만든 것도 바이오텍 사업팀이었다.

최초의 가습기살균제였던 '가습기메이트'에는 CMIT 성분이 사용됐다. CMIT는 물티슈나 샴푸 등에서 사용돼 온 물질이었지만 인체 흡입용으로 사용된 전례는 없었다. 그런데 유공은 이 악마의 제품을 인체 독성 실험도 없이 시장에 내놓는다.

이덕환 서강대 화학과 교수는 "유공이 최소한의 상식조차 벗어난 제품을 개발했다. 화학물질을 밀폐된 실내 공기에 살포하겠다는 것을 허가해준 나라는 어디에도 없다"고 비판했다. 화학물질의 노출 경로가 변하면 독성 또한 달라지는 건 화학의 기초 상식이다.

1994년 유공의 기업 홍보 광고. 자사에 환경전문가가 대거 포진해 있다며 자랑하고 있다. ©매일경제신문 1994.9.28

새로운 용도로 화학물질을 사용할 경우, 그에 따른 독성 실험은 필수라는 이야기다. 유공은 어떻게 이 엽기적인 제품을 버젓이 출시하고 판매할 수 있었을까.

▌방관자 정부

빗장을 활짝 열어준 건 다름 아닌 환경부였다. 화학물질의 등록, 허가를 담당하는 환경부는 최초 제품인 유공의 '가습기메이트'에 대해서 별도의 독성 실험을 요구하지 않았다. 심지어 화학물질을 이용한 신종제품이 탄생하는 것조차 파악하지 못하고 있었다. 제품에 사용된 CMIT 성분이 기존에도 사용되던 물질이라는 이유 때문이었다. 당시 화학물질 관리법에 따르면, 신규등록물질이 아닌 화학성분에 대해서는 독성 실험 의무가 없었다는 것이 환경부 관계자의 설명이다.

가습기살균제의 사용법은 알려진 대로 물통에 직접 넣어 세균과 물때를 제거하는 방식이었다. 화학 성분이 물과 함께 기화해 인체에 직접 흡입되는 식이었지만 환경부의 공무원 누구도 이 화학성분과 제품에 대해 제동을 걸지 않았다.

화학물질 등록허가 실무를 담당하는 국립환경과학원장으로 재직했던 김삼권 광주과학기술원 교수는 "당시 환경부에서 관리해야 하는 화학물질만 680종이 넘었다. 기존 물질을 관리하는 데 집중하다 보니 신종제품에 대한 독성 평가에서 놓친 부분이 있었다"고 고백한다. 유공이 만든 세계 최초의 가습기살균제는 그렇게 아무런 제재 없이 시중에 출시됐다. 환경부의 1차 저지선이 뚫린 뒤, 사태는 걷잡을 수 없는 규모로 커진다.

2001년 애경은 유공이 제조하던 '가습기메이트'를 그대로 가져와 애경 상표를 달고 판매하기 시작한다. 국내 생활화학용품 1위 기업인 옥시도 이 무렵 시장에 뛰어들었다. 대기업들이 뛰어들면서 시장이 더욱 커졌고 비극의 무대가 전국으로 확장된다.

황사와 미세먼지, 사스, 조류독감, 신종플루 등 대기 오염과 신종 전염병의 창궐은 가습기살균제 제조사에겐 오히려 호재가 됐다. 시중에 20여 종의 제품이 출시됐고 TV, 신문, 인터넷에 광고가 넘쳐났다. 이종현 독성학자는 "가습기 쓰는 사람치고 가습기를 안전

삼풍백화점
붕괴사고

대구지하철
화재참사

세월호침몰

가습기살균제
대참사

가습기살균제 대참사는 지금까지 일어난 어떤 사고보다도 드러나지 않은 문제가 많다.

하고 깨끗하게 사용할 수 있다고 광고하는데 누가 혹하지 않겠나?
결국은 마케팅 전략이 비극을 초래했다"고 지적했다.

전문가들은 가습기살균제에 노출된 국민을 약 1,000만 명으로
추정하고 있다. 1,000만 명이면 서울 시민 전체, 전 국민의 5분의 1에
해당하는 규모다. 가정이나 사무실, 병원, 산후조리원 등 도처에서
사용했다고 하니 이 숫자는 결코 과장된 숫자가 아닐 것이다.

검증 시스템 부재

가습기살균제 참사가 터지고 미국 환경청인 EPA의 문서 하나가

눈길을 끌었다. EPA가 1991년 발간한 〈가정용 가습기의 사용과 관리〉라는 문서가 그것이다. 미국 정부는 이미 1990년대 초 가습기 사용과 관련해 유해물질 사용을 경고했다.

실내 공기 관리에 관한 일종의 매뉴얼인 이 문서에서 EPA는 가습기가 물속 오염물을 더 확실하게 퍼뜨린다고 적고 있다. 가습기를 사용한 후 호흡기에 문제가 생기면 즉각 사용을 중단하고 의료진의 진단을 받으라는 지침도 있었다. 특히 주목할 것은 화학물질 사용에 각별한 주의를 하라는 내용이다.

가습기에 세정제나 살균제를 사용했다면 화학물질이 공기로 퍼지지 않도록 물탱크를 수돗물로 여러 번 헹궈야 한다.

세제의 성분이 남아 있는 상태로 절대 가습기를 사용해선 안 된다는 뜻이다. 이 매뉴얼에 비춰 보면 가습기살균제는 기상천외한 제품일 수밖에 없다.

호흡되지 않도록 오히려 조심해야 할 화학물질을 물속에 넣고 24시간, 1년 내내 사용하라고 부추긴 셈이다. 화학물질은 물론 가습기 제품에 대한 기본적 이해만 있었어도 세상에 탄생하지 않았을 제품이다. 그 역할을 했어야 할 정부 기관은 소비자보다, 일반 국민보다 더 무지했다.

환경부가 화학물질 관리에 실패했다면, 제품을 시장에 풀어준

건 공산품 관리를 총괄하는 산업통상자원부^{이하 산자부}였다. 산자부는 가습기살균제 사태가 터진 뒤 줄곧 무책임한 태도로 일관했다. '산자부가 가습기살균제 허가를 내준 적은 전혀 없다. 제조사들이 세정제가 아닌 살균제로 제품을 팔았기 때문이다'는 게 산자부의 공식 입장이다. 무슨 이야기일까.

산자부는 세정제, 합성세제, 표백제, 섬유유연제 등의 생활화학용품 관리를 하고 있는데 가습기살균제는 산자부 관리 품목에 없던 항목이라 놓쳤다는 것이다. 법으로 정해진 '관리 대상'에 이 신종제품의 이름이 없어 그냥 내버려뒀다는 이야기다. 괴물 같은 제품이 17년간 무려 800만 병이나 팔리는 동안, 당연히 사전 안전검사도, 사후 관리도 하지 않았다.

규제할 의무가 없어 안 했다는 산자부도 실책을 인정하는 대목이 있다. 노무현 정부 시절이던 2007년, 코스트코코리아가 만든 '가습기클린업'이란 제품에 국가기술표준원이 국가 통합인증 KC마크를 붙여준 것이다. 당시 이 제품이 다른 제품들과 달리 '세정제' 항목으로 신고했기에 산자부의 모니터링 대상인 셈이었다.

그러나 이 제품 역시 안전검사를 무사히 통과해 KC인증을 받게된다. 사용설명서를 읽어보면 단순 세정제가 아닌 '가습기살균제'란 것을 알 수 있었지만 별도의 흡입독성 실험은 이뤄지지 않았다. 이덕환 서강대 화학과 교수는 "결코 단순 실수로 보이지 않는다"며 "당시 KC인증에 관여한 공무원은 반드시 색출해 처벌해야 한다"고

세퓨의 홍보 자료. 블로그 광고를 통해 아이 엄마들에게 큰 인기를 끌었다.

덴마크 케톡스사의 제품 홍보 자료. 세퓨 제품과 같은 PGH 성분이 사용된 제품이다. PGH 성분은 유럽에서는 돼지나 가금류 농장 소독용으로 주로 사용되었다.

비판했다.

무려 17년간 수백 만 병이 팔린 제품에 대해 산자부는 한 번도 유해성 검사를 하지 않았다. 산자부 관계자는 "검사할 수 있는 시스템이 없었다. 제품이 팔린 뒤, 사후 관리 외에는 방법이 없다"고 변명했다. 정부가 말한 '사후事後 관리'는 결국 수많은 피해가 발생한 후에야 사태를 파악하는 '사후死後 관리'가 되었다.

가습기살균제는 옥시나 애경 등 대기업뿐 아니라 중소업체에게도 매력적인 시장이었다. 옥시 제품보다 더 짧은 기간에, 더 강력한 피해를 남긴 제품은 중소기업이 만든 세퓨 제품이었다. 영세한 세퓨 제조사의 대표 오모씨는 인터넷에 떠도는 정보를 보고 직접 제품을 만들었을 정도로 무책임하고 무지했다. 오모씨의 딸 역시 아버지가 만든 제품을 사용하다 급성 폐 질환으로 숨졌다. 곧 가해자

◉국립환경연구원고시제2003-17호
유해화학물질관리법 제10조 및 동법시행규칙
제5조 제1항의 규정에 의한 유독물 등에 해당하
지 아니하는 화학물질(국립환경연구원고시 제
1997-19호, 1997.12.23)을 다음과 같이 개정 고시
합니다.

2003년 6월 10일
국립환경연구원장

유독물품에 해당하지 아니하는 화학물질 개정
유해화학물질관리법 제10조 및 동법시행규칙 제
6조 제1항의 규정에 의한 유독물 등에 해당하지
아니하는 화학물질 별표의 2003-3-2351 다음에
2003-3-2352 내지 2003-3-2357을 다음과 같이
신설한다.

환경부는 가습기살균제가 '흡입용'으로 사용
될 수 있다는 사실을 방치했다. 옥시 제품에
사용된 PHMG 성분에 대해, 세퓨 제품에 사
용된 PGH 성분에 대해 각각 유해물질이 아니
라는 판단을 내린다.

가 피해자가 된 것이다. 이 무지한 괴물 사업가가 살인제품을 만들고 활개를 칠 동안 한국 사회는 무법지대나 다름없었다.

정부의 반응은 잠자는 수준에 그치지 않았다. 오히려 유독물질에 날개를 달아주었다. 옥시 제품 등에 널리 사용된 PHMG는 1997년, 세퓨 제품에 사용된 PGH는 2003년, 각각 환경부의 유해성 심사를 통과했다. 당시 업체들은 카펫, 고무, 목재용 항균제로 사용할 거라고 유해성 심사 신청을 했지만 실제로는 가습기살균제의 원료로 이 물질들을 사용했다.

환경부는 업체가 해당 물질의 화학적 특성, 배출 경로 등의 기본적 정보만 기재한 유해성 심사 자료만 '서류 검토'했을 뿐이었다. 흡입용 제품으로 사용될 수 있다는 사실을 간과한 탓에 흡입독성 실험 요구는 전혀 이뤄지지 않았다. 문제의 화학물질들은 '유해하지 않다'는 정부의 인증을 받아 시장에 풀리게 된다. 박태현 강원대 법학전문대학원 교수는 환경부의 판단이 이 화학물질이 시장에서 얼마든지 다른 용도로 사용되도록 오히려 허용해주었다고 비판했다.

▌한국이 싫어서

환경부 관계자는 "제도적 미비점이 있었다는 것은 정부도 현재 인정한다. 그러나 일부 피해자가 제기한 국가 상대 소송에서 사태의 원인이 공무원의 과실에 있지 않다는 1차 판결이 있었다"라고 밝혔다. 그는 일부 피해자가 국가를 상대로 제기한 손해배상 소송에서 국가가 승소했다며 책임론에 선을 그었다.

산자부 역시 "당시 유해화학물질 관리법에서 유독물이나 관찰물로 지정해두었다면 관리했겠지만 당시 이 물질은 그렇지 않았다. 우리 역시 유독물이라고 표시할 의무가 없었다"라고 밝혔다. 당시 법적으로 관리할 의무가 없었으므로 산자부의 책임을 묻기 어렵다는 입장이다.

화학물질의 추적, 관리는 물론 공산품 관리도 무방비로 뚫렸지만 책임을 지겠다는 부처는 아무 곳도 없었다. 모두 당시 법대로 했다는 것만 줄곧 강조했다.

분명 피해가 발생했고 수백 명이 사망하고 다쳤는데 가해자도, 책임지겠다는 사람도 나타나지 않았다. 사과와 위로 대신 빠져나갈 방법부터 찾는 모습은 우리 사회가 수많은 참사 직후 익숙히 봐왔던 풍경이기도 하다.

1999년 6월 30일 새벽, 경기도 화성의 한 수련원에서 화재가 발생했다. 캠프를 떠났던 유치원생 19명과 교사 등 총 23명이 화마에 숨진 씨랜드 참사였다. 사고 원인은 정확하게 밝혀지지 않았지만 분명한 건, 당시 수련원 건물이 화재 사고에 무방비한 건축물이었단 사실이다. 이 사고로 자녀를 잃었던 피해자 중에는 올림픽 하키

금메달리스트 출신의 김순덕씨도 있었다. 여섯 살 큰아들의 비극적인 죽음과 참사 이후 정부의 대응을 지켜보던 김순덕씨는 더 이상 한국 사회에서 아이들을 키울 수 없다고 선언했다. 김씨는 국가 대표 시절 받았던 훈장을 반납하고 온 가족이 뉴질랜드로 이민을 떠났다.

가습기살균제 피해자들 역시 김씨와 마찬가지로 한국을 떠나고 싶다고 입을 모았다. 더 이상 한국 사회에서 아이들을 키울 수 없다고 생각하게 된 것이다. 피해자 대부분 성실하게 세금을 내고 착실하게 살아온 시민들이었다.

국가의 책임은 단순히 살인제품을 허가해준 데만 있지 않았다. 가습기살균제가 불티나게 팔려나가고 수백만 명 이상이 유독물질에 노출되는 동안 이 비극을 멈출 수 있는 골든타임을 어이없이 놓쳐버렸기 때문이다. 가습기살균제 참사의 진짜 비극은 바로 그때부터 시작됐다.

04

골든타임을
놓치다

실수에 대해 변명하면
그 실수를 더 돋보이게 할 뿐이다.
- 윌리엄 셰익스피어

괴질, 그 변명의 이름

　　조선 후기에 임방이 편찬한 야담집《천예록天倪祿》에는 '괴질동자 귀신'이 등장한다. 그 내용은 대략 이렇다. 한 벼슬아치의 집에서 잔치가 벌어졌고, 수많은 사람들이 경사를 축하하기 위해 잔치에 모였다. 그런데 이 잔칫집에 한 더벅머리 아이가 갑자기 등장한다. 매우 사나운 모습이었다. 이 아이가 집 안으로 들어오자 사람들은 이 아이를 내쫓으려 했다. 하지만 아이는 호락호락 물러서지 않았다. 장정 수십 명이 나서서 끌어내려 했지만 아이는 전혀 움직이지 않았다. 뭉둥이로 때려도 요지부동이었다. 결국 사람들이 간절히 빌자, 아이는 사라졌다. 다음 날부터 잔칫집에 있던 사람들 사이에 전염병이 돌았다. 이후 하나둘씩 잔치에 참석했던 모든 사람이 세상을 등진다. 사람들은 이 정체 모를 아이를 '괴질동자 귀신'이라고 불렀다.

'괴질怪疾', 원인을 알 수 없는 질병을 우리는 이렇게 부른다. 설화 속에 등장하는 '괴질동자'는 사람들이 아무리 물리치려 해도 그럴 수 없는 존재였다. 홀연히 나타났다가, 홀연히 사라졌다. 출신이나 출처를 알 수 없는 존재였다. 괴질동자가 출몰한 곳은 공포와 저주의 땅이 된다. 설화 속 괴질동자는 현실 세계의 괴질의 속성을 지닌다.

괴질의 역사는 길다. 《동의보감》은 괴질을 27가지로 분류했다. 이 중 일부만 인용하면 다음과 같다.

- 몸 안에서 이상한 벌레가 나온다
- 죽을 때까지 고기를 먹으려 한다
- 물건이 거꾸로 보인다

국내 역사에서 가장 공포스럽고 고약한 괴질은 19세기에 창궐했다. 조선 말기 《순조실록》에는 '괴질이 돌아서 열흘도 되기 전에 수만 명의 사망자를 냈다'고 기록되어 있다. 1900년까지 원인도, 치료법도 알지 못한 채 최소 수십만 명의 목숨을 앗아간 이 괴질은 바로 '콜레라'였다.

새로운 역병은 으레 '괴질'이라고 불린다. 에이즈, 사스 모두 처음에는 괴질로 불렸다. 병들은 전파 경로가 파악되고 병원체가 밝혀지고 난 뒤에야 비로소 병명이 붙게 된다. 그리고 괴질이 이름표를 다는 시간이 길어질수록 사람들의 공포는 늘어난다.

에이즈는 병명을 확정하는데 3년가량 걸렸다. 그 기간 동안 에이즈는 원인불명의 '공포의 괴질'로 알려졌다. 불안감에 사로잡힌 사람들은 에이즈를 과학적 근거 없이 '게이 병'이라 불렀다. 이는 동성애자들을 차별하고 낙인찍는 비이성적인 행태를 만들어냈다. 유럽에서는 역병이 돌 때마다 유대인이 속죄양으로 희생되기도 했다. 19세기 한국에 콜레라가 유행할 때 사람들은 이를 이교도異教徒의 만행 탓으로 돌렸다. 괴질은 사람들의 과학적인 사고를 마비시킬 만큼 강력하고 공포스럽다.

21세기 들어서 대표적인 괴질이 창궐했다. 2002년 11월 중국 남부 광둥성에서 원인 모를 역병이 발생했다. 이 역병은 홍콩을 거쳐 세계로 확산됐다. 갑작스러운 발열, 기침, 호흡곤란이 주요 증상이었다. 세계보건기구 WHO는 이 질병을 '중증급성호흡기증후군 SARS'으로 명명했다. 국내에서는 초기에 이 역병을 괴질이라고 불렀고, 질병의 정확한 원인이 밝혀지지 않자 사람들의 두려움은 배가 되었다. 질병에 대한 정보가 부족한 탓에 루머들이 인터넷상에서 급속도로 퍼지며 혼란을 일으켰다. 국립보건원은 괴질이라는 표현이 위력 이상의 과도한 공포감을 조성하고 있다고 판단해서 질병의 명칭을 SARS의 한글 발음인 '사스'로 부르기로 했다.

현대 의학에서 괴질은 스스로의 무능을 드러내는 표현이다. 괴질이라고 불리는 기간이 길수록 의학의 한계를 드러내기 때문이다. 하지만 바이러스와 세균의 변종이 갈수록 많이 생겨나면서 괴질은 여전히 자주 출몰한다. 그때마다 의료진들은 원인과 전염 방식을 찾아내, 그에 걸맞은 이름을 지어준다. 의학 발전에 따라 괴질의 생존 기간은 갈수록 짧아지고 있다.

21세기 '창피한' 괴질이 대한민국에 출현했다. 2006년을 전후로, 수도권 대형 병원에 원인 모를 폐 질환 환자가 몰려든다. 이들은 입원한 지 얼마 되지 않아, 목숨을 잃거나 치명적인 장기 손상을 입었다. 언론은 이를 '괴질'이라고 명명했고 원인을 찾아내지 못한 우리 의료계는 적어도 4년 이상, 이를 괴질의 영역에 올려놓았다. 신종 바이러스나 박테리아 정도로만 짐작했고, 국가 차원에서 원인을 파악하려는 노력은 미약했다. 피해자들은 수년간 자신들이 '전혀 새로운 미생물에 의한' 괴질에 걸린 것으로 생각할 수밖에 없었다.

하지만 그것이 아니었다. 어처구니없게도 '가습기살균제'라는 화학물질이 괴질의 원인으로 확인됐다. 일반 괴질과 달리 전염병이 아니었던 것이다. '괴질의 역사'에서도 창피한 장면이 아닐 수 없다. 좀 더 적극적으로 대처했더라면 '괴질의 생존기간'은 짧을 수도 있었다. 괴질 아닌 괴질이 날뛰는 사이, 피해자는 급속도로 늘어났다.

원인 미상 폐 질환 확산 과정

2006년 3~6월

서울아산병원과 서울대병원
원인 미상 소아급성 폐렴 환자 15명 발생

2008년 4월

대한소아과학회 논문
〈2006년 초 유행한 소아 급성 간질성 폐렴〉게재

2008년 7월

원인 미상 간질성 폐렴 환자 78명으로 증가, 36명 사망

2009년 3월

대한소아과학회 논문
〈급성 간질성 폐렴의 전국적 현황 조사〉게재

2011년 4월

서울아산병원 '중증폐렴 임산부 환자' 증가 신고 및 조사 요청

2011년 5월

일부 언론 '원인 미상 폐 질환으로 산모 연쇄 사망' 보도

2006년 진엽이 엄마 김모씨는 아주 어둡고 고통스러운 터널을 지나고 있었다. 2003년에 태어난 진엽이는 말문이 제대로 트이기 전인데도 유난히 속 깊고 착한 아들이었다. 김모씨는 아들에 대해서 다음과 같이 얘기했다.

"진엽이는 평소 제가 속상한 일이 있어 울면 휴지를 갖고 와 닦아주면서 울지 말라고 하던 아이였어요. 지금 떠올려보면 어린아이 같지 않게 아주 의젓하고 뭔가 대화가 통했어요."

3살이 됐던 2006년 3월, 진엽이는 갑작스러운 호흡곤란으로 서울 목동의 한 대학병원에 입원했다. 할 수 있는 응급처치와 검사를 다했지만 의료진은 진엽이의 병명을 알아내지 못했다. 원인 미상의 간질성 폐렴이라는 설명만 돌아왔다.

중환자실에 누운 아들을 보며 애간장을 태우던 엄마 눈에 이상한 장면이 목격됐다. 당시 소아 병동에 진엽이와 비슷한 증상으로 실려온 아이들이 한둘이 아니었다. 김모씨는 당시를 이렇게 기억한다.

"그때 병원 의사들은 벌써 알고 있었어요. 진엽이와 같은 아이들이 많다는 말을 들었거든요. 중환자실에는 같은 증상의 아이들이 이미 입원 중이었고 진엽이 이후로도 다른 아이들이 실려왔죠."

당시 이 병원에만 여러 명의 아이들이 비슷한 호흡곤란 증상으로 입원해 있었다. 그 아이들 중 많은 아이들이 비슷한 시기, 비슷한 모습으로 사망했다. 김모씨는 다음과 같이 회상했다.

"진엽이와 함께 입원해 있던 한 아이는 우리 아이와 생일이 하루 차이였어요. 동갑내기 두 아이 중 그 아이가 먼저 떠났고 그 후에 우리 진엽이가 떠났어요."

진엽이는 입원한 지 불과 한 달 만에 세상을 떠났다. 원인도 모르는 질병으로 아들을 잃었지만 부모는 정신을 잃을 수도 없었다. 진엽이 누나 때문이었다. 진엽이가 쓰러지고 얼마 뒤, 딸아이도 같은 증상으로 실려왔다. 진엽이보다는 덜했지만 딸아이 역시 죽을 고비를 넘기고 있었다. 두 자녀 모두 원인 불명의 질환으로 사경을 헤매던 시간은 부모에게 지옥보다 더 큰 고통이었다.

김모씨 부부는 진엽이가 숨지고 장례를 치르자마자 딸아이 병실로 달려갈 수밖에 없었다고 한다. 아들을 숨지게 한 병이 무엇인지 알아야 했다. 결국 먼저 떠난 진엽이에게 차마 하고 싶지 않았던 일까지 해야 했다. 병명을 알아내기 위해 진엽이의 부검을 결정한 것이다. 진엽이 누나라도 살려야 했기 때문이었다.

그러나 부검을 하고도 진엽이 남매의 병명은 끝내 알아내지 못했다. 어른도 견디기 힘든 마약성 진통제를 맞아가며 버티던 진엽이의 모습은 10년이 지난 지금도 지우기 힘들다. 김모씨는 다음과 같이 통탄했다.

"우리 진엽이는 딱 30개월 살았어요. 중환자실에선 언제나 온몸

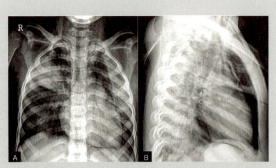
2006년 의문의 간질성 폐렴 증상을 보인 아동의 흉부 엑스레이 사진. 폐조직
이 섬유화되는 증상이 발견됐다.

에 주사바늘을 꽂고 기관 삽관을 하고 있었어요. 그리고 항상 약에
취해 비몽사몽이었죠. 면회 시간도 제한된 중환자실에 홀로 누워
서 얼마나 무서웠을까요."

진엽이 가족이 고통을 겪고 있던 바로 그 시기, 다른 병원 중환
자실에서도 여러 가족들이 사투를 벌이고 있었다. 서울아산병원과
서울대병원 등에도 15명의 아이들이 진엽이와 같은 증상으로 실려
왔다. 2006년 두 병원에 입원했던 아이들 중 7명이 사망했다. 모두
중증 폐렴과 폐 섬유화 증상이 있었다. 의료진은 당황했다. 이제껏
보지 못한 환자들이 집단적으로 발병했기 때문이다. 신종 전염병
의 출현이 의심됐다.

〈2006년 초에 유행한 소아 급성 간질성 폐렴〉 논문에 보면 2006
년 3월부터 6월까지 서울아산병원과 서울대병원 2곳에서만 15명

의 환자가 발견됐다고 적혀 있다.

의료진이 관찰한 결과, 초기 증상은 두통, 근육통, 인후통 등 독감처럼 나타났다. 그러다 2~3일 만에 급성 호흡부전증이 발생했다. 대부분 피해자들이 단순 감기인 줄 알고 치료를 하다 호흡곤란으로 응급실로 실려 갔다. 그러나 호흡곤란 증상이 나타났을 때는 이미 피해자의 폐 조직 상당 부분이 섬유화된 이후였다. 항생제, 산소요법, 인공환기요법 등 집중적인 치료에도 불구하고 호흡부전증이 가속화되었고 결과는 높은 사망률로 나타났다.

2006년 두 병원에서 발생한 소아 환자 15명의 남녀 비율은 11대 4. 연령은 생후 3개월부터 48개월로 평균 26개월이었다. 15명 중 7명이 사망했고, 8명이 겨우 살아남았다. 생존율이 53.4퍼센트에 불과한 치명적 질병인 만큼 연구에 참여한 의료진들은 전국적 규모의 연구가 필요하고 의료진의 인지가 필요하다고 결론 내렸다.

그러나 보건당국의 모니터링은 전혀 가동되지 않았다. 신종질병이나 전염병에 대응해야 하는 질병관리본부는 2006년 여러 병원에서 발견된 원인 미상의 폐 질환 환자에 대해 전혀 인지하지 못했다고 인정하고 있다.

보건당국이 놓친 첫 번째 골든타임이었다. 만약 이 시기 진엽이와 같은 아이들이 왜 사망했는지 조사가 이루어졌다면 가습기살균제의 비극을 끝낼 수도 있었다.

▌첫 번째 시그널, 죽음의 속도

2006년 첫 번째 골든타임을 놓친 후 불행히도 죽음의 행렬은 계속됐다. 2007년과 2008년에도 같은 증상의 환자들이 계속해서 병원에 실려온 것이다. 서울아산병원의 홍수종 교수는 3년째 반복되는 원인 불명의 폐 질환 환자들이 몇 가지 공통점을 갖고 있다는 걸 발견했다. 발병 환자의 나이는 주로 2~3세 이하였고, 발생 시기는 2월에서 6월 사이였다. 그러나 원인을 밝히기에는 정보가 부족했다.

홍 교수는 "의료진도 상당히 당황했다. 뭔가 이상한데 대체 무엇 때문인지는 알 수가 없었다"고 회상했다. 이때 역시 보건당국은 전

A 2008년 누적 확인된 전국 발병 환자 수

B 2008년 2~8월 사이 발병 환자 수

45
10
5
2
16

4
3
2

2008년 조사된 〈급성 간질성 폐렴의 전국적 현황 조사〉에 따르면, 원인 미상의 간질성 폐렴은 전국적 현상이 었다. 23개 전국 병원 의 설문 결과, 발생 시기는 2월~6월 사이에 많았다.

국 병원에서 무슨 일이 벌어지고 있는지 전혀 모르고 있었다.

결국 사례를 수집하고 연구에 착수한 건 현장의 의료진이었다. 서울아산병원 홍수종 교수팀을 중심으로 우선 서울 지역 5개 대형 병원 소아과 의료진끼리 의견을 교류했다. 공동연구를 통해 이 질병의 원인을 밝혀내고자 한 시도였다. 그 결과 해당 병원에 모두 같은 증상의 환자들이 발생했다는 사실이 확인되었다. 결과에 놀란 의료진들은 조사 범위를 전국으로 확대했다. 서울, 경기, 충청, 영호남, 제주 등 전국의 병원들을 대상으로 비슷한 증상의 환자가 있었는지 설문조사를 했다.

결과는 충격적이었다. 2008년까지 같은 증상의 환자가 전국적으로 78명에 달했다는 사실이 밝혀진 것이다. 환자들의 평균 연령은 2년 3개월, 남녀 성비는 5대 4로 특이성은 없었다. 발생 시기는 2월에서 6월로 집중되어 있었고 상당수 환자들의 예후가 좋지 않았다. 78명의 환자 중 사망자는 36명으로 무려 46.2퍼센트의 높은 사망률이었다.

속도도 무서웠다. 봄철에 발병한 환자 중 78퍼센트가 46일 내에 사망했기 때문이다. 증상이 발현된 후 제대로 손도 써보지 못하고 사망한 환자가 많다는 얘기다. 보고된 적 없는 이상 질병에 대해 바이러스성 전염병이 의심됐지만 정확한 원인을 밝히지는 못했다. 한 가지만은 확실했다. 해마다 봄과 함께 찾아온 의문의 폐 질환은 어떤 전염병보다 강력하고 빠르고 무서웠다는 것이다.

▌두 번째 시그널, 무지의 그늘

무능의 끝은 어디였을까. 2008년 3월, 의문의 폐 질환에 대해 공동연구를 시작한 대한소아과학회의 연구 논문 〈급성 간질성 폐렴의 전국적 현황 조사〉를 보면, 눈에 띄는 저자 이름이 있다. '질병관리본부 국립보건연구원'의 강모 팀장과 정모 연구원이 그들이다.

당시 연구진은 질병의 원인을 찾기 위해 질병관리본부에 공식적인 조사 요청을 하고 환자들의 의료 기록과 검체를 보내 분석해줄 것을 요구했다. 보건당국이 처음으로 질병을 인지하고 공식적인 개입을 시작한 것이다. 비록 의료진의 요청에 의해서였지만 이때라도 질병관리 시스템이 작동하기 시작했다면 비극은 거기서 멈췄을 것이다. 그러나 결과는 참혹했다.

세계적으로도 보고된 바 없는 신종질환의 정체에 대해 초기엔 바이러스성 전염병이 의심됐다. 호흡기 질환이었다는 점, 특정 계절에 집중되었다는 점, 가족이 같은 증상을 보이기도 했다는 점 등에서 치명적인 전염병이 의심됐다. 연구에 참여한 의료진이 질병관리본부 인플루엔자 바이러스과에 조사 요청을 한 것도 그런 이유였다.

2008년 3월, 요청을 받은 질병관리본부는 11개의 호흡기 바이러스 검사 등 바이러스 검사를 우선적으로 진행했다. 하지만 결과가 나올 리 만무했다. 바이러스가 아니라 화학물질이 폐를 공격해 일어난 환경성 질환이었으니 말이다.

질병관리본부는 공식 답변을 통해 "2008년 홍수종 교수팀의 요청에 따라 환자들의 임상 증상, 영상의학검사 등 의학적 소견을 바탕으로 바이러스 감염을 원인으로 추정하여 연구가 진행되었으며 당시에는 가습기살균제 등 환경성 요인은 의심하지 못하였다"고 인정했다.

바이러스성 질환이 아니라는 검사 결과가 나왔다면 그다음에 무엇을 해야 했을까. 전국적으로 수십 명의 환자가 3년간 발생했고, 진행 속도도 매우 빨랐다. 무엇보다 절반 가까이가 사망하는 치명적인 사망률의 신종질병이었다. 바이러스 질환이 아니라면, 대체 이 질병의 정체는 무엇인지 조사는 계속되어야 했다. 수십 명씩 되는 환자들의 데이터를 바탕으로 발병 경로와 원인을 추적해가는 역학조사가 시행되어야 할 시점이었다.

현실은 어땠을까. 이 질환에 대해 바이러스 검사 이외의 어떤 조사를 이어갔는지에 대한 질병관리본부의 공식 답변은 이렇다.

"2009년 3월, 의학계의 연구 회의에 참석하여 상황을 공유했다. 하지만 이후에는 연구가 진행되지 않았다."

질병관리본부는 이 질환이 바이러스성 전염병이 아니라는 사실만 확인한 후 손을 뗐다. 의료진이 요청한 바이러스 검사만 시행해주었을 뿐, 실상 이 의문의 질병에 대해 관심이 없었다.

2008년, 질병관리본부장으로 재임했던 이종구 서울대 교수 역시 보건당국이 폭넓은 조사를 벌이지 못한 사실을 인정했다. 그는 "당시 이 질환에 대한 역학조사 의뢰가 질병관리본부가 아니라 보건연구원의 바이러스과로 들어왔다. 보건연구원이 바이러스 검체의 판정기관처럼 기능하다 보니 바이러스 질환이 아니라는 것만 확인하고 조사가 끝난 측면이 있다"라고 밝혔다.

시중에선 여전히 가습기살균제가 불티나게 팔렸고 집집마다 위험한 물질을 가습기에 들이부었다. 피해자가 수년째 발생하고 있었지만 보건당국이 손을 떼는 순간 환자 수는 더욱 기하급수적으로 늘기 시작한다. 현재 확인된 가습기살균제 피해자 중 88퍼센트가 2009년 이후 발병한 환자들이었다. 이것이 무엇을 뜻하겠는가.

질병관리본부가 2008년 이 질병에 대해 끈질기게 조사를 이어갔다면 이후 사람들은 이 살인제품을 구매하지 않았을 가능성이 크다. 이유도 모른 채 죽어갔던 환자들의 억울함도 조금은 풀렸을 것이다.

전국적인 발병이 처음으로 발견됐던 2006년, 3살 진엽이 역시 그 피해자 중 하나였다. 진엽이와 같은 병원에 입원했던 수많은 아이들도 진엽이처럼 세상을 떠났다. 이 어린아이들이 보낸 죽음의 시그널을 보건당국이 제대로 읽었다면, 2007년 이후의 비극은 충분히 막을 수 있는 것이었다.

피해자와 그 가족들이 평생 지우기 힘든 고통과 슬픔을 겪고 있을 때 질병관리본부는 '질병관리'가 아닌 '질병방치'의 전형을 보여쳤다. 괴 질환의 정체를 밝혀내지 못하고도 이 질병에 대해 더 이상 연구 조사를 이어가지 않았다. 심지어 상부에 보고조차 제대로 하지 않았다. 이종구 전 질병관리본부장은 "당시 이 괴 질환에 대한 보고를 받지 못했다. TF팀이 꾸려져서 더 넓게 조사했더라면 좋았을 텐데 대응에 아쉬움이 있다"고 말했다.

가습기살균제가 의문의 폐 질환 원인이었다는 게 밝혀진 것은 2011년 4월이 되어서였다. 약 20년간 수많은 정부부처가 어떤 일을 벌여왔는지도 그제야 조금씩 밝혀지기 시작했다. 그러나 가습기살균제 참사를 대하는 각 부처 공무원들의 태도는 사태 이전이나 이후나 크게 다르지 않았다.

2008년, 의료진의 요청으로 폐 질환의 존재를 인지했던 질병관리본부의 강모 팀장은 취재 요청에 불쾌감만 나타냈다. 피해 확산을 막을 수 있었던 골든타임을 놓친 데에 대해 사과나 유감 표명은 없었다. 질병관리본부 역시 수차례 요청에도 불구하고 2장짜리 서면 답변만 보내왔을 뿐 취재 요청에 응하지 않았다. 환경부, 산자부, 보건복지부와 질병관리본부 등 여러 부처가 '무책임'을 공유한 순간 피해는 일반 국민들의 몫으로 돌아왔다.

침묵의 합창

05

방관자들의 변명

우리는 너무 많이 생각하고 너무 적게 느낀다.
- 찰리 채플린

제노비스 신드롬

2016년 6월. 언론, 심리학, 범죄학 계에 충격적인 소식이 전해졌다. 50여 년 전 벌어졌던 이른바 '제노비스 사건'이 조작된 내용이었다는 주장이 제기됐기 때문이다. 이 사건은 현대사회에서 책임 분산이 왜, 어떻게 일어나는지 설명하는 이론의 모태가 된 범죄였다. 이 사건을 계기로 미국에서 '긴급전화 911'이 창설되기도 했다.

사건은 1964년, 미국 뉴욕 퀸스 지역의 한 주택가에서 시작된다. 젊은 여성인 키티 제노비스Kitty Genovese는 차를 주차해놓고 집에 들어가고 있던 도중, 뒤에서 다가온 낯선 남자에게 등을 두 번 찔렸다. 그녀의 비명을 듣고 주민 1명이 창밖으로 소리를 지르며 범인을 내쫓았다. 범인은 부상당한 제노비스를 뒤로하고 도망쳤다. 10분 뒤 범인은 범죄 현장으로 되돌아왔는데, 피해자는 그대로 피를 흘리며 쓰러져 있었다. 범인은 다친 그녀의 돈을 빼앗고 폭행을 저질렀다. 수차례 더 칼로 찌른 후에야 유유히 자리를 떴다.

범인이 떠난 뒤 응급차와 경찰이 도착했으나 제노비스를 살리기엔 너무 늦은 시간이었다. 그런데 나중에 알고 보니 당시 살인현장을 집 창가에서 지켜본 사람은 무려 38명이나 있었다고 한다. 한 생명이 죽어가는 35분 동안 누구도 그녀를 돕거나, 신고하지 않았다. 사건 이후 많은 연구가 이루어졌고, 이 어처구니없는 현상을 피해자 키티 제노비스의 이름을 따 '제노비스 신드롬Genovese Syndrome'이라고 불렀다. 그때부터 주위에 사람이 많을수록 책임감이 분산되어 어려움에 처한 사람을 도와주는 것을 주저하게 되는 현상을 '방관자 효과'라고 했다.

여기까지가 얼마 전까지 우리가 알고 있던 '제노비스 사건'이다. 사건 당시, 〈뉴욕타임스〉가 이 사건을 심층 취재해 보도했었다. 하지만 이 보도의 상당 부분이 왜곡되거나, 부정확했다는 강력한 주장이 2016년 여름에 제기됐다. 문제제기를 한 사람은 다큐멘터리 영화감독인 제임스 솔로몬James Solomon이었다. 그는 〈뉴욕타임스〉의 오보 과정을 〈목격자The Witness〉라는 영화로 만들었다. 그에 따르면 제노비스 사건을 목격하거나 들은 사람은 대여섯 명에 불과했다는 것이다. 더욱이 목격자 중 어떤 사람은 범인을 향해 고함을 질렀고, 또 어떤 사람은 경찰에 신고까지 했다. 결국, 이웃의 죽음을 방관했던 38명은 없었다. 이렇게 제노비스 사건이 일부 오보로 드러나기는 했지만, 현대사회에서 이 이론의 설명력과 유효성은 여전히 남아 있다.

사회심리학자인 존 달리John Darley와 빕 라테인Bibb Latane은 제노비스 사건 이후 방관자 효과에 대해 연구했다. 그들은 '발작 가상실험'을 진행했다. 대화 도중 한 학생이 발작 연기를 하게 되고, 연기 사실을 모르는 실험 참가자들이 그 발작을 얼마나 보고하는지를 체크한 것이다. 2명이 대화하는 그룹에선 85퍼센트가 상대방의 발작 사실을 보고한 데 반해, 4명 그룹은 62퍼센트, 7명 그룹은 31퍼센트만 보고했다. 두 연구자는 이렇게 참가자가 많아질수록 보고 비율이 떨어지는 이유를 '책임 전가와 분산'에서 찾았다.

두 연구자는 사람들이 타인을 돕기 위해서는 몇 가지 단계를 거쳐야 한다고 봤다. 첫 과정은 먼저 상황을 인식하는 단계다. 그다음으로 사건의 의미를 해석한다. 여기까지 끝나면 관련 행동을 면밀히 관찰한다. 만약 이때, 주변 사람들이 사건에 반응하지 않는다면 개인은 이를 긴급하지 않은 상황이라고 생각하기 쉽다.

집단적인 해석의 오류가 발생하는 이런 현상을 '다원적 무지Pluralistic Ignorance'라고 부른다. 자신이 아닌 타인 역시 행동의 단서를 찾기 위해 주변을 관찰하고 있다. 우리는 타인을 보면서 자신보다 더 많은 것을 알고 있으리라 생각하지만 실제로는 모두가 이 사건에 대해서는 잘 알지 못한다. 이런 생각이 이어지면 실제로 긴급한 상황에도 아무런 문제가 없다 확신하게 되고, 결국 아무도 행동하지 않는다. 긴급한 상황을 인식한다고 해서 바로 도움을 주는 것은 아니다. 본인의 책임이라고 인식해야 어떤 도움을 제공할지 생각할 수 있다. 상황에 따라 개인이 책임을 인식하는 정도는 다르다. 주변에 사람이 많을수록 본인의 책임은 분산되며 '다른 사람이 경찰을 불렀겠지?', '도와주러 나갔겠지' 하는 생각으로 행동을 회피한다. 이럴 때 제노비스 사건처럼 38명 중 아무도 돕지 않는 사태가 발생하는 것이다. '책임감 분산'을 이겨내야만 어떤 도움을 줄지 생각하기 시작한다.

책임감 분산을 이겨낸 뒤에는 구체적으로 어떻게 도와야 할지 방법을 강구한다. 하지만 이 단계에서도 본인이 적합한 도움을 줄 수 있다는 판단이 내려질 때까지 도움을 주지 않는다. 본인의 능력이 부족하다고 느끼는 '유능감의 부족'이 또 다른 장애물이 된다. 자신이 도움을 제공할 만한 자격이나 능력이 부족하다고 판단하게 되면 다른 사람에게 문제해결을 미루게 된다.

결과적으로 방관자 효과는 사람들이 어려움에 처한 사람을 돕는 행위를 '더 잘 알고, 더 잘하고, 더 책임감 있는' 가상의 누군가에게 미루기 때문에 발생한다. 가습기살균제 대참사에서 공무원, 검찰, 법원, 국회의원, 언론 등은 가상의 누군가에게 미루며 '방관'했다. 그 결과는 수천 명의 생명이 숨지거나, 손상을 입는 치명적인 결과로 나타났다.

가해 기업들의 숨바꼭질

2012년 10월
보건복지부 국정 감사에
옥시&롯데마트 대표 증인 불출석

2013년 11월
옥시 한국법인 대표
국정감사에서 인도적 차원의 50억 원 기금 조성 제안

2016년 4월
롯데마트 김종인 대표 사과 기자회견
100억 원 규모 재원 마련해 피해자 보상 진행 계획
홈플러스 김상현 대표 기자간담회 통해 사과
구체적인 보상 계획 언급 안 함

2016년 5월
옥시 한국법인 사프달 대표
인도적 기금 50억 원 외 추가 기금 50억 원 마련
피해자 모임 "진정성 있는 사과와 피해 보상 요구"

▌15년 만의 사과

2016년 3월 9일. 한국식품커뮤니케이션포럼KOFRUM은 서울대 보건대학원 백도명 교수팀이 가습기살균제로 인해 폐가 손상된 것으로 의심되는 374명을 조사한 결과를 공개했다. 가습기살균제가 폐 손상을 일으킨 것이 '확실'하다는 판정을 받은 117명을 연령별로 분류한 결과다. 0~4세가 60명, 51.3퍼센트로 가장 많았다. 20세이상은 43명, 5~20세는 14명 순이었다. 성별로는 여성이 66명으로 남성 51명보다 약간 많았다.

가습기살균제로 인한 폐 손상 때문에 사망했다고 판정된 사람은 모두 68명이었다. 이 중 '확실'은 50명, '가능성 높음'은 12명, '가능성 있음'은 6명이었다. 사망자를 연령별로 보면 0~4세가 16명으로, 전체 사망자의 23퍼센트였다. 가습기살균제로 인한 치사율도 4세 이하의 아이에서 높았다. 남아의 치사율은 42퍼센트, 여아는 70퍼센트에 달했다.

2004년부터 판매된 가습기살균제는 연간 60만 병에 이른다. 옥시가 2000년부터 2011년까지 11년간 판매한 '뉴 가습기당번' 판매 개수만 해도 453만 개였다. 2015년 12월 서울대 보건대학원의 여론조사에서 가습기살균제 사용자 중에서 건강 피해 경험자를 물었더니 20.9퍼센트가 그렇다고 응답했다. 이에 따라 전국에서 가습기살균제를 사용한 걸로 추정되는 1,087명의 20.9퍼센트인 227만 명이 가습기살균제 피해자로 추정된다.

가습기살균제 사태로 가장 많은 사망자를 낸 옥시가 이번 사태와 관련해 공식 사과하고 독립적인 기구를 만들어 피해자에 대한 '포괄적인 보상'에 나서겠다고 밝혔다. 문제의 살균제품을 내놓은 지 15년 만이다.

옥시는 1996년 출시한 가습기살균제를 리뉴얼해 2000년부터 PHMG 성분이 든 살균제를 판매해왔다. 정부의 1·2차 가습기살균제 피해 현황 조사에 따르면 살균제로 인한 피해가 거의 확실한 1단계의 피해자와 가능성이 큰 2단계 피해자는 모두 221명이다. 조사 대상이었던 530명 가운데 타사 제품과 함께 옥시 제품을 쓴 사용자는 404명, 80.3퍼센트인 것으로 전해졌다.

이에 앞서 전 옥시 대표인 쉐커 라파카는 2013년 국정감사에 출석해 50억 원 규모의 피해자 지원 기금 조성 계획만 형식적으로 밝

가습기살균제 제품들. 유공이 처음 출시한 뒤 다른 회사들도 경쟁적으로 내놓았다.

했다. 2015년 들어 검찰 수사가 본격화되자, 공개 사과와 지원 기금 추가 조성안을 발표한 것이다.

하지만 사태 해결의 열쇠를 쥔 영국 본사 차원의 피해보상 대책은 없었다. 옥시의 안은 롯데마트와 홈플러스 등이 내놓은 안과 별반 다르지 않았다. 이를 두고 가습기살균제 제조·판매 업체들의 '검찰 수사 무마를 위한 면피용 사과'라는 지적이 나왔다. 그간 옥시는 피해자들과의 면담조차 꺼려했다고 피해자들은 이구동성으로 말했다. 롯데마트와 홈플러스도 피해자들의 구제 요청을 외면했다. 하지만 검찰 수사가 본격화되자 사과에 나선 것이다.

옥시 사프달 대표는 공식적인 사과와 함께 "옥시 제품을 사용한 뒤 1등급과 2등급 장애 판정을 받은 피해자들에게 포괄적인 보상을 진행할 예정"이라고 말했다. 그는 이어 "옥시는 모든 피해자들을 위한 조속하고 공정한 보상안이 필요하다고 생각한다"며 "이를 위해 독립적으로 운영되는 전문 기구를 오는 7월까지 구성하겠다"고 약속했다. 그는 또 "1등급과 2등급 판정을 받으신 분들 중 자사 제품을 사용하신 분들께 보상 계획과 지원 내용, 그리고 신청 방법 등에 대해 자세히 알리도록 최선을 다하겠다"며 "피해자 분들의 의견이 반영될 수 있도록 구체적인 최종안은 피해자와 협의해 마련하겠다"고 덧붙였다.

사프달 대표의 사과에도 옥시를 향한 여론의 싸늘한 반응은 쉽사리 수그러들지 않았다. 사과가 정치권에서의 특별법 제정, 옥시 불매운동에 따른 매출감소 등으로 인해 졸속 결정된 것이라는 시각이 우세했다. 피해자 가족들의 분노도 가라앉지 않았다. 피해자들은 기자회견장에 난입하여 사프달 대표를 향해 "왜 그동안 피해자들에게 연락을 단 한 번도 하지 않았는가", "피해자들에게 연락을 취하지 않고 기자회견을 열었는가"라며 항의했다. 피해자들은 또 "검찰 수사를 진행하고 있는 시점에서 옥시의 이러한 보여주기식 사과를 강력히 거부한다"며 "수사 면피용 사과는 받아들일 수 없다"는 입장을 밝히기도 했다.

옥시가 '뉴 가습기당번'을 판매한 이후 호흡곤란 등 부작용을 호소하는 항의성 민원이 지속적으로 있었다. 하지만 옥시는 사실상 이를 무시하고 정부당국이 폐 손상 사망 등과의 인과관계를 확인해 회수 조치를 한 2011년 중반까지 제품을 계속 판매했다.

▌진정한 사과는 아직 없었다

권미애씨의 아들 임성준군은 2003년 가습기살균제를 처음으로 사용한 후 1년 만에 이상증세를 보이기 시작했다. 당시 단순 감기로 알고 동네 병원을 갔던 임군은 종합 병원으로 옮겨졌다. 하지만 정확한 원인과 병명을 알 수 없었다. 갓 돌이 지난 임군은 숨을 쉴 수 없어 목에 구멍을 내고 산소튜브로 호흡해야 했다. 밥을 못 먹어서 배에 구멍을 내 영양분을 공급하며 14개월간 병마와 사투를 벌였다. 권씨는 아들의 당시 상황을 다음과 같이 기억했다.

"성준이가 그린 그림에는 목이 없어요. 자신이 목을 가리고 다녀서인지, 상처를 숨기고 싶은 거 같아요. 그때 병원에서 퇴원해 갔왔을 때, 양치를 시켜주려고 거즈에다가 치약을 묻혀 손을 입에 집어넣었어요. 그런데 제 손을 막 깨물더라고요. 되게 입 안이 예민하게 느껴지나 봐요. 그래서 먹는 거엔 아예 관심도 없고, 옆에서 아무리 맛있는 음식을 먹고 있어도 쳐다보지도 않아요. 낯선 사람이 들어오면 막 머리를 때리고 땅에 박아요."

가습기살균제로 호흡곤란이 생겨 치료를 받던 임성준군. 배에 구멍을 내 영양분을 공급했고 2005년부터 아직도 산소튜브를 목에 삽입한 채 살고 있다.

성준군의 상태는 11년이 지난 지금도 나아지지 않았다. 그러던 중 권씨는 뉴스를 통해 악마의 물질 피해 사례를 접하게 됐다. 병원 의사로부터 가습기살균제 피해자와 같다는 소견도 받았다. 불행 중 다행으로 권씨는 2003년 성탄절 전야에 아들을 안고 찍은 가족사진에서 창틀 위에 있는 가습기살균제를 찾았다. 이어 진료 기록과 구매 증거까지 모든 준비를 마치고 가해 기업인 옥시를 찾았다. 하지만 문전박대를 당하기 일쑤였다고 한다.

피디   옥시에 갔을 때 전혀 만나주지도 않던가요?

성준 엄마 네. 나오지도 않았어요. 저희가 아마 4시간은 기다렸을 거예요. 근데 어쩜 그렇게 관계자들이 아무도 안 나왔어요. 오직 앞에 있는 경비요원들이 다였어요. 진짜 어찌 저렇게 할 수가 있을까. 그래서 성준이를 세워 놓고 몸을 올려서 다 보여줬어요. '애가 이런 상태다'라고……

2016년 검찰 수사와 언론보도로 인해 가습기살균제가 이슈화되자 옥시는 합의금을 제시하며 사과의 제스처를 보내왔다. 하지만 옥시는 여전히 진정성이 없었다고 한다. 피해자인 성준군을 제쳐두고 국회의원을 모시기에 급급했다. 평생 산소튜브를 목에 삽입하고 살아야 하는 피해자에 대한 미안함이 전혀 보이지 않았다는 것이다. 권씨는 이어 당시 상황에 대하여 이런 말을 해주었다.

성준 엄마 한번은 옥시가 기부금 내놓는다고 하기에 또 갔어요. 그땐 옥시 관계자가 나왔어요. 근데 나와서 한 번도 성준이를 쳐다보지도 않더라고요. 그때 국회의원 어느 분하고 같이 갔는데 그분이 왔다고 하니까 바로 나온 거예요. 그리고 그분하고는 오자마자 악수하고 '가시죠' 하더라고요. 저희가 옆에 서 있었는데…… 애가 산소통을 가지고 휠체어에 앉아 있으면 옆에 지나가면서 한 번은 볼 수 있잖아요. 정말 지나가는 사람들이 다 쳐다보는데 옥시 관계자는 한 번도 안 보고 오로지 의원

쪽으로 가더군요.

옥시는 취재진의 인터뷰 요청을 일언지하에 거절했다. 수백 명의 사상자가 생겼는 데도 사과는커녕 불리한 해명을 하지 않기 위한 꼼꼼함을 보였다. 서면 인터뷰에 응하겠다던 옥시는 대부분의 질문에서 답변을 피했다.

옥시는 가습기살균제 사용자의 폐 손상 원인과 관련해 "봄철 황사 때문일 가능성이 있다"는 취지의 의견서를 검찰에 제출했다. "옥시 제품과 인체 폐 손상 사이에 인과 관계가 있다"고 본 질병관리본부의 역학조사 결과에 대해서도 "폐 질환은 비 특이성 질환임에도 보건당국의 실험에선 제3의 위험인자를 배제하지 않아 문제가 있다"며 "정부 역학조사 결과 신뢰도에 의문이 제기된다"고 주장했다.

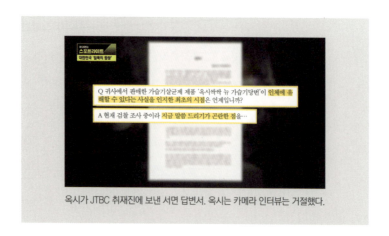

옥시가 JTBC 취재진에 보낸 서면 답변서. 옥시는 카메라 인터뷰는 거절했다.

또, 옥시는 홈페이지의 고객상담 게시판에 올라온 수백 건의 가습기살균제 부작용 관련 후기를 검찰 수사 직전에 삭제하기도 했다. 게시글들은 가습기살균제 사용자가 2001년부터 올린 것으로 옥시가 가습기살균제의 유해성을 초기부터 알고 있었다는 중요한 정황이다.

▌거짓이 생명을 앗아간다

14명의 목숨을 앗아간 '세퓨' 가습기살균제의 원료에 대해 정부가 유독물질이 아니라는 고시를 한 사실이 드러났다. 유해화학물질 관리법에 따르면 제조·수입 하는 화학물질은 유해성 심사를 받아야 하며, 심사를 신청할 때는 주요 용도와 독성 실험 결과를 첨부해야 한다.

신청서는 엉터리로 작성됐다. 주요 용도를 기재해야 함에도, 신청서에는 PGH가 어떤 용도로 쓰일지 적혀 있지 않았다. 하지만 국립환경연구원은 2003년 6월 10일 자 대한민국정부 관보에 'PGH가 유독물 등에 해당하지 아니하는 화학물질이다'라고 고시했다. 가습기살균제 유해성 검사를 제대로 하지 않았다는 지적에 대해, 환경부는 지금껏 "해당 물질이 카펫 살균제 용도 등으로 심사를 받았기 때문에 유독물질이 아니라고 봤다"고 해명했다.

환경부의 입장과는 다르게 '세퓨' 가습기살균제 원료의 유해성 심사 신청서에는 PGH가 스프레이 제품 등에 첨가될 것이라는 점이 명시됐다. 세퓨를 만든 버터플라이이펙트 사는 2011년 가습기살균제 사건이 터진 직후 폐업해 피해자들이 보상도 제대로 받지 못했다. 심지어 유럽 친환경 재료를 사용해 더욱 안전하다던 제품 원료가 실은 중국산이란 의혹도 불거졌다. 독성물질인 PGH를 친환경으로 둔갑시킨 것도 문제지만, 원료의 출처도 분명하지 않았던 것이다.

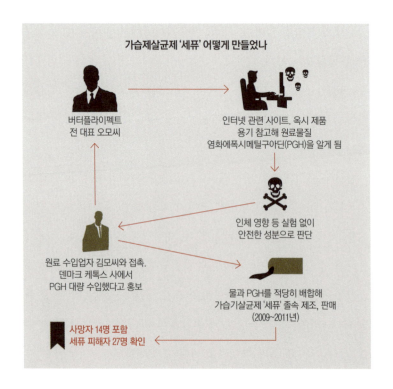

가습제살균제 '세퓨' 어떻게 만들었나

버터플라이이펙트
전 대표 오모씨

인터넷 관련 사이트. 옥시 제품
용기 참고해 원료물질
염화에폭시메틸구아딘(PGH)을 알게 됨

인체 영향 등 실험 없이
안전한 성분으로 판단

원료 수입업자 김모씨와 접촉.
덴마크 케톡스 사에서
PGH 대량 수입했다고 홍보

물과 PGH를 적당히 배합해
가습기살균제 '세퓨' 졸속 제조, 판매
(2009~2011년)

사망자 14명 포함
세퓨 피해자 27명 확인

2011년 당시 세퓨의 가습기살균제로 인해 돌도 안 된 딸을 잃은 김대원씨는 "덴마크에서 수입을 해 아이에게 이상이 없다면서 안심하고 쓰라고 하는데 더 할 말이 없죠"라며 한탄했다.

유럽 친환경 원료라고 홍보했지만 타 제품보다 훨씬 독성이 강했던 세퓨의 가습기살균제, 취재 결과 세퓨의 가습기살균제의 독성은 안전기준의 160배를 초과했다. 이 제품을 사용하는 건 수면제 160알을 먹는 것과 같은 수준의 독성이 몸속에 들어가는 것과 같다고 한다. 인체에 치명적일 수밖에 없는 수치였다.

2016년 2월 '가습기살균제 사망 사건' 피해자들이 신동빈 롯데그룹 회장 등 전·현직 대표이사 10명을 포함해 롯데마트 등기임원 43명을 서울중앙지검에 고발했다. 이들은 고발장을 통해 "롯데마트의 PB상품인 '와이즐렉' 가습기살균제 사용 피해자는 모두 130명, 사망자는 32명"이라며 "가습기살균제 제품별 피해자 중 롯데 제품 피해자는 옥시싹싹과 애경에 이어 세 번째로 많다"고 밝혔다. 이들은 이어 "이 제품 판매를 시작한 2005년부터 현재까지의 롯데쇼핑 전·현직 임원 43명이 이 사건에 직접적인 책임을 져야 한다고 판단했다"며 "옥시처럼 롯데도 자신의 제품을 사용하다 죽고 다친 피해자들에게 사과 한마디 하지 않았다"며 수사를 촉구했다.

롯데 제품을 쓴 피해자는 어마어마한 금액이 치료비로 필요했다. 백현정씨는 치료비에 대하여 다음과 같이 얘기했다.

"큰애 같은 경우에는 장기이식 값만 4,000만 원이었어요. 그리고 저는 폐 이식 자체만으로 거의 1억이 들었고요. 그 외에 뭐 병실 이용이라든지, 부수적인 치료비, 기저귀 등…… 저희는 10억 이상 들어갔어요."

롯데는 턱없이 부족한 금액으로 합의를 종용했다고 한다. 백씨는 강자의 위세에 눌려, 결국 합의를 하고 말았다. "피해자의 생명이나 건강은 안중에도 없는 기업의 모습"이라고 백씨는 생각한다. 백씨는 "주영이 같은 경우에는 정말 어림도 없는 내용으로 합의문이 작성됐다"라며 "지금 이제 겨우 10대인데, 앞으로 5년에 대한 치료비만 주겠다고 했다"고 밝혔다.

롯데는 검찰 수사로 칼날이 좁혀오는 걸 느끼자 가습기살균제 제조·판매 업체 중 처음으로 사과했다. 그러나 피해자들과 대다수 시민들은 롯데의 사과는 진정성이 없다고 생각했다. 피해자에게 진심으로 반성하는 게 아니라 검찰 눈치를 보고 사과를 했다는 생각을 지울 수 없기 때문이다.

취재진은 이에 대해 롯데 관계자와 인터뷰를 했다.

피디   '우리가 보상할 수 있는 금액은 5년 정도, 향후 5년의 금액이다.' 피해자 가족에게 이렇게 말을 했다고 하던데요.

롯데 관계자   그거는 피해자들이 말씀하신 거잖아요? 법률적인 진행은 따로 있으니까요.

소극적인 롯데의 인터뷰는 피해자들에게 마지못해 보상하는 게 아닌가 하는 의구심을 일으켰다.

시간만 흘러갔다

가습기살균제 대참사와 관련해 다른 차원에서 책임 선상에 놓여 있는 기업은 바로 SK케미칼이다. SK케미칼은 가습기살균제 업체에 화학물질 PHMG를 생산, 공급한 업체이기 때문이다.

SK케미칼→약품 유통업체→가습기살균제 제조·납품 업체→ 판매업체

SK케미칼을 시작으로 위와 같은 유통망이 존재했다. SK케미칼은 2003년, PHMG 물질의 호주 수출 과정에서 "PHMG를 호흡기로 흡입하면 위험할 수 있다"는 보고서를 현지 정부에 제출했다. 또 다른 제조사에는 '흡입 경고 문구'가 담긴 물질안전보건자료MSDS를 제공한 것으로 알려졌다. SK케미칼이 제품 유해성을 13년 전부터 상당 부분 인지하고 있었다는 정황이 드러난 것이다.

SK케미칼은 가습기메이트를 제조·공급 하고 애경은 이를 구매·판매 한다는 계약을 2001년에 체결했다. SK케미칼은 해당 계약서에서 '제공한 상품 원액의 결함으로 인해 제3자의 생명, 신체, 재산

에 손해를 주는 사고가 발생했을 때 SK케미칼이 전적으로 책임을 지며 피해자에게 손해를 배상한다'는 내용을 명시했다. 가습기메이트 사용과 관련해 청구소송 등이 제기된 경우 SK케미칼의 비용으로 이를 방어할 계획이라는 세부 내용도 작성했다. 만약 피해자들과의 화해, 판결 결정 등으로 애경 측이 손해를 배상할 경우 SK케미칼이 배상하기로 한 것이다. 계약서에는 '문제가 발생했을 때 애경이 SK케미칼을 적극 방어해야 한다'는 내용도 담았다.

애경이 판매한 가습기살균제와 관련해 사회적 파장이 커지고 있음에도 불구하고 사과 또는 보상을 약속하지 못한 까닭도 해당 계약서 때문인 것으로 드러났다. 계약서에서 애경과 SK케미칼은 이 같은 계약 내용이 외부에 유출되는 것을 막기 위해 계약 내용을 파기한 쪽이 가습기메이트와 관련해 발생하는 모든 책임을 진다는 내용도 포함시켰다.

〈이규연의 스포트라이트〉 취재팀은 세상에 처음 가습기살균제를 개발해 출시한 SK케미칼_{전 유공} 관계자를 인터뷰했다.

피디   가습기살균제가 전 세계에서 최초로 한국에 처음 나온 거예요?

SK 관계자   네.

피디   그런데 '책임이 없다'고 하는 건 좀 심한 말씀 아니신가요?

SK 관계자   너희들이 처음 만들었으니 '원죄가 있다'라는 선상에서 보면 저희는 할 말이 없는데, 어떻게 보면 근거가 좀 약한 부분이에요. 그런데 계속 비판을 받을 수 있다는 점이 부담이 되죠.

애경은 CMIT/MIT 원료를 쓴 가습기살균제 판매업체 중 가장 사상자를 많이 낸 기업이다. 제품을 가장 많이 판매한 업체이기도 하다. 애경은 SK케미칼에 책임을 돌렸다.

이 회사 관계자는 취재진에게 "가습기살균제는 1994년부터 유공에서 만든 제품이다. 그러니까 그쪽에서 만든 완제품을 받은 것이다. 우리는 일종의 판매원일 뿐이다"라고 말했다.

옥시, 롯데마트, 홈플러스, SK케미칼, 버터플라이이펙트. 제조에서부터 유통까지 기업들은 무책임하게 피해자들을 무시해왔다. 피해자들의 요구는 듣지 않은 채로 시간은 계속 흘러갔다. 모두 책임에 대한 회피에만 집중을 하고 진정성 있는 사과는 어느 기업에서도 하지 않았다. 거대한 이익을 낼 때는 소비자를 위하는 척하다가 상황이 파국으로 치닫자 등을 돌리고 무시했다.

06

생명을 버린
숨바꼭질

관료에게는 영혼이 없다.
- 막스 베버

두 얼굴의 관료주의

1990년, 중학생 노점상 '탈취' 사건

필자가 일선 취재기자로 활동하던 1990년 2월, 어느 날 밤이었다. 동장군이 기승을 부리던 날, 부산 구포역 앞으로 13살의 중학생이 손을 호호 불며 손수레를 끌고 나왔다. 이 소년은 교통사고를 당해 몸져누운 모친을 대신해 노점상으로 나온 것이다. 그런데 갑자기, 그 밤에 구청 단속반이 나타났다. 강압적인 방식으로 이 중학생의 손수레를 빼앗아가려 했다. 불법 노점상이라는 이유에서였다.

손수레를 빼앗긴 중학생은 단속차량에 매달리며 애원했지만 구청 직원들은 중학생을 밀쳐냈다. 이런 광경을 본 행인들이 대신 항의하다가 급기야 폭력 사태로 번졌다. 과격한 행인들이 구청 직원들을 향해 돌을 던진 것이다. 구청 직원들도 이에 맞서 행인들과 심한 몸싸움을 벌였고 단속반원과 행인 10여 명이 다치는 폭력 사태로 번지고 말았다.

중학생의 어머니는 이 노점상으로 일곱 식구의 생계를 책임지고 있었다. 하지만 4개월 전, 손수레를 끌다가 차에 치여 병원에 입원한 상태였다. 오죽 어려웠으면 어린 중학생이 그 밤에 노점상으로 나왔겠는가. 하지만 단속반들은 '엄정한 법 집행'이라는 명분을 내세우며 중학생 가족의 마지막 남은 생계수단을 빼앗아갔다. 구청직원들은 "규정대로 했다"고 주장했다. 하지만 이 주장에 동조하는 언론은 거의 없었다. 오히려 '인간의 얼굴을 버린 관료주의의 극치'라고 호된 비판을 가했다. '구포역 노점 폭력 사태'는 관료들이 내세우는 규정이 얼마나 폭력적이고, 비이성적으로 변신할 수 있는지, 단적으로 보여주는 사건이었다.

2008년, '관료는 영혼이 없다' 발언

독일의 저명한 사회과학자 막스 베버는 "관료에게는 영혼이 없다"고 했다. 관료들은 어느 정부에서나, 그 정부의 철학에 맞춰 일하게 된다는 의미다. 그렇지만 국민이나 공익의 이익에 반하는 정책에도 따라줘야 한다는 의미는 아니다. 직업적 공무원제의 특성을 설명하는 표현이다.

'공무원 무無 영혼론'. 2008년 1월, 대한민국에서 화제가 됐다. 노무현 정부에서 이명박 정부로 정권 이양이 진행될 때였다. 대통령직인수위원회에 출석한 국정홍보처의 한 간부가 "우리는 영혼이 없는 공무원"이라고 말한 것이다. 이날 자리는 새정부 출범을 앞두고 국정홍보처 존폐 여부와 언론정책에 대한 의견을 주고받기 위해 마련됐다. 국정홍보처 간부는 인수위원들의 압박 질문을 받다가 무의식중에 이런 말을 내뱉었는데, 이후 이 '명언'은 정권에 따라 입장을 바꾸는 공무원들을 비웃는 말이 됐다.

관료주의는 영어로 'bureaucracy'다. 프랑스어로 책상을 뜻하는 'bureau'와 그리스어로 지배를 뜻하는 'kratos'를 합친 단어다. 이를 직역하면 '사람을 지배하는 책상물림' 정도다. 언제부턴가 관료주의는 대한민국 사회에서 정부를 비판하는 수식어가 됐다. 하지만 관료제 자체에 부정적 요소만 있는 것은 아니다.

관료제의 3대 특징은 '엄격한 권한의 위임', '전문적인 직무체계', '합리적인 규칙에 따른 집행'이다. 프랑스 경제학자 구르네Gournay가 1745년에 처음 사용한 것으로 알려져 있다. 근대적인 관료주의 모형은 19세기 막스 베버가 제시했다. 베버는 관료제를 "가장 합리적이며 효율적인 조직의 형태"라며 극찬했다. 관료제는 전문화된 업무체계로 업무의 효율성을 증진시키고 규정과 절차에 의거한 객관성과 합리성을 제고한다. 또한 위계질서를 통해 사리사욕을 챙기려는 이들을 차단하는 기능도 수행할 수 있다.

문제는 관료제의 '효율'은 그들이 윤리적이고 합리적이며 성과
지향적이라는 전제에서만 존재한다. 어떤 형태라도 개인의 윤리
성, 합리성, 성과지향성이 결여된다면 비효율적인 탁상행정, 책임
전가만 일삼는 부서 이기주의, 간단한 과정도 복잡하게 만들어버
리는 형식주의와 같은 병폐들이 생겨난다. 이 때문에 베버가 꿈꾼
효율적 관료주의는 현실에서 이루기 불가능에 가까워 보인다.

위계질서는 관료제의 주요 특징 중 하나다. 하지만 권력 피라미
드에서 높은 위치를 차지하는 사람이 유능하고 합리적이지 못하면
자칫 재앙에 가까운 결과를 낳을 수 있다. 무능력한 상사는 잘못됐
거나 효력이 없는 해결책을 내놓는다. 결국 실질적인 효용은 하나
도 없이 인력자원만 낭비하게 된다. 무능력한 관료들은 효과적인
해결책을 내놓지 못한 채, 권한을 거론하며 다른 단체에게 책임을
떠넘기려 한다.

책임소재가 명확하여 신상필벌이 확실하다는 관료제의 장점이
때로는 단점이 되기도 한다. 관료제는 자칫 상황이 안 좋아질 수
있는 일들에 대해서는 책임을 최대한 회피하기 위해 다양한 태도
를 취하게 된다. 이 중 하나가 복지부동이다. 이들은 급하게 해결이
필요한 일에 대해 서로 책임전가를 일삼으며 이기적인 모습을 보
인다.

형식적인 행정 방식 역시 불필요한 절차로, 일 처리를 복잡하게
한다. 높은 지위에 있는 사람들에게 잘 보이기 위해서 열심히 일하

고 있는 모습을 형식적으로 보여준다. 사회 사건이나 사고로 인해 불안감이 높아진 국민들을 평안하게 만들기 위해 보여주기식 수사 계획, 정책들을 발표한다. 이른바 '전시 행정'이다.

가습기살균제가 처음 만들어졌을 때부터 정부는 약품의 성분에 대한 직접 검사를 실시하지 않았다. 약품 성분을 해외에서 문제가 되고 있는 PHMG 물질로 바꿀 때도 세밀하게 안전검사를 하지 않았다. 대신 기업 측에서 첨부한 연구 결과로 PHMG가 안전하다는 평가를 내렸다.

대한민국 정부는 가습기살균제 사건에 대하여 탁상행정과 책임 전가 자세로 일관했다. 결국 피해자가 속출했고, 최고의 비효율을 보이는 '철밥통' 관료제로 전락했다. 윤리라는 색채를 잃어버리고, 껍데기만 남은 채로 굴러가는 관료제는 21세기 정부에서 가장 경계해야 할 대상이다.

정부의 늑장 대처 과정

2011년 8월
정부, 환경시민단체의 "가습기살균 제품과 유사 제품명을 공개하고
제품 회수 조치 실시하라"는 요구 묵살

2011년 11월
보건복지부의 제한적 대응
'옥시싹싹 뉴 가습기당번', 롯데마트 PB상품 '와이즐렉',
홈플러스 '가습기청정제', 세퓨 '가습기살균제' 등 6종 수거 명령.
애경의 '가습기메이트'는 수거 대상에서 제외

2012년 2월
보건복지부 1차 동물시험결과 최종 발표
PHMG, PGH는 독성 확인, CMIT/MIT는 독성 확인 안 됨

2012년 7월
가습기살균제 안전성 허위표시 판매사에 소액 과징금 부과.
피해자 모임 '솜방망이 처벌' 성명서 발표

2013년 4월
복지부, 가습기살균제 폐 손상 조사위원회의
'피해자 폐 CT 촬영 등 보완 조사 요구' 거부

"때로는 살아 있는 것조차 용기가 될 때가 있다."

로마 스토아학파의 철학자 세네카가 말했다. 삶이 아무리 힘들지라도 살아 있다는 그 자체가 대부분의 사람에겐 희망일 것이다. 하지만 가습기살균제 피해자들에겐 어쩌면 이 말을 이렇게 바꿔야 그들의 고통이 제대로 보일지 모른다.

"때로는 살아 있는 것조차도 절망이 될 때가 있다."

해맑은 미소로 아빠의 마음을 채워줬던 다민이를 잃은 최승운씨는 취재진을 만난 자리에서 헤아리기 힘든 회한을 담아 이렇게 말했다.

"사실은 저희가 가해자예요. 정부에서 허가한 제품을 그냥 믿고 쓴 잘못이죠. 가습기살균제 사용 자체는 저희가 한 거예요."

늪 속에 갇힌 몸처럼, 마음의 감옥에 유폐된 자신의 속마음을 털어놓은 최씨의 말속에 가습기살균제 참사의 비극이 고스란히 담겨 있다. 이 사태의 피해자들은 그냥 피해자들이 아니라, 스스로를 가해자로 '잘못' 인식하고 있다. 어쩌면 세상에서 가장 슬픈 피해자들이다. 어떤 의심도 무장해제시켰던 기업들의 '안전하다'는 광고와 정부의 무능이 합작해 만든 이 참사의 고통은 지금 피해자들만이 짊어진 상태로 멈춰 있다.

2011년 8월 31일, 당시 권준욱 질병관리본부 감염병관리센터장은 "가습기살균제 성분이 폐까지 침투할 수 있는 가능성도 확인했다"고 발표한다. 1994년 세계 최초의 가습기살균제가 '아기를 위하여'라는 광고 문구를 내세우며 세상에 나온 지 17년 만에 살인물질을 담은 악마의 제품임이 처음 확인된 것이다. 늦어도 너무 늦었지만 정부는 다시 한 번 무엇이 중한지 모르는 이해 못 할 결정을 한다. 제품을 강제로 회수하기는커녕 제품명조차 공개하지 않은 것이다.

제품명 공개와 강제회수는 왜 중요했을까? 취재진이 만난 6살 나원이. 감기 증상만 보이던 나원이가 갑자기 호흡곤란에 빠졌던 건 2012년 말이었다. 6개월 전 나원이의 쌍둥이 동생, 다원이가 겪었던 것과 같은 증상이었다. 2011년 8월 31일 가습기살균제가 살인자로 지목됐음에도, 나원이는 2012년 말, 목에 호흡 보조장치를 달고 지내야 하는 참극의 주인공이 됐다. 가습기살균제가 살인물질이라는 사실이 밝혀진 지 무려 1년이 지났는데도 이런 납득할 수 없는 결과가 발생했다.

나원이 아빠는 "나원이가 이전에는 안 아팠었죠, 분명히 안 아팠는데 정부가 너무 늑장 부리고 안일하게 대처를 하는 바람에 피해를 입었다"며 한숨 짓는다.

취재 당시 만난 나원이는 풍선조차 제대로 못 불 정도로 호흡이 약한 아이였다. 만약 2011년 8월 31일에 정부가 제품명을 공개하며 적극적인 조치를 했더라면 지금 나원이는 친구들과 운동장을 뛰어놀고 있을지 모른다.

정부가 살인물질로 명단 공개를 하고, 그 위험성을 널리 알렸다면 누가 그 물질을 구매해 가습기에 넣어 돌리는 일을 하겠는가?

가습기살균제로 사망했거나 장애를 입게 된 아이들을 가진 부모들은 대부분 자식들을 끔찍이 생각하는 사람들이었다. 그랬기 때문에 더 열심히 구매했고, 더 부지런히 살균제를 갈아주었을 뿐이다.

그렇다면 당시 관료들은 왜, 제품명을 공개하지 않은 걸까. 개별 제품과 폐 질환과의 연관성을 확인하지 못했다는 것이 그 이유였다. 정부는 그런 이유로 제품명도 공개하지 않고, 강제회수 조치도 하지 않았다. 그저 가습기살균제를 만들고 판 기업들에게 출시 자제 '권고'만을 했을 뿐이다. 규정을 내세워 책임지지 않으려는 관료주의의 뿌리 깊은 병폐가 확인되는 순간이다.

이런 무책임하고 기계적인 관료주의가 어떤 결과를 초래했는지, 우리는 메르스 사태에서 지켜본 바 있다. 메르스의 확산을 조기에 막기 위해 발병 병원을 공개해야 했음에도 보건복지부는 이를 숨겼다.

"메르스의 감염력은 크지 않다. 병원 이름을 공개하면 병원에 안 찾아가고, 병원이 피해를 입게 된다."

2015년 6월 24일, 당시 문형표 보건복지부 장관이 국회 보건복지위원회 전체회의에 참석해 한 답변이다. 이에 앞서 6월 2일에는 "병원 이름을 공개하기보단 병원들끼리 환자 정보를 공유하는 시

무책임하고 기계적인 관료주의가 국민 건강에 어떤 결과를 초래했는지, 이미 우리는 메르스 사태에서 지켜본 바 있다. 2015년 6월 국회 메르스 대책 특별위원회에서 삼성서울병원 정두련 감염내과 과장이 "(병원이 아니라) 국가가 (메르스에) 뚫린 것"이라고 말해 논란을 빚었다.

스템으로 운영하는 것이 맞다"라고 발표한다. 하지만, 정부가 규정을 이유로 정보 공개를 미루면서 국민의 불안과 혼란은 점점 커졌고, 메르스 사태는 걷잡을 수 없는 X이벤트 같은 재앙이 돼버렸다. 정부가 그토록 믿었던 병원의 인식은 사람들을 더 놀라게 만들었다.

"병원이 아닌 국가가 뚫린 겁니다."

정두련 당시 삼성서울병원 감염내과 과장의 이 발언은 국민들을 분노케 한 것도 사실이지만, 국민의 안전보다 병원을 우선했던 보건당국의 안이한 판단이 얼마나 잘못이었는지를 역설적으로 보여주었다. 상황을 잘못 인식하고 부실한 정책을 내놓은 것은 보건당국이었지만, 그 대가는 평범한 국민들의 생명과 건강이었다.

우리가 건강한 나원이를 볼 수 있었던 또 한 번의 기회가 있었다. 중간 조사가 발표된 뒤, 가습기살균제를 일단 회수해야 한다는 목소리가 높았다. 2011년 10월 7일, 국회 보건복지부 국정감사장에서 전현희 의원은 "지금 국회 후생관에도 가습기살균제가 판매되고 있습니다. 즉각적인 가습기살균제 회수 조치를 해주시길 당부드리겠습니다"라며 정부의 적극적인 대처를 주문했다.

하지만 강제회수는 2011년 11월이 돼서야 이뤄졌다. 그런데 나원이의 호흡기는 가습기살균제의 공격을 받아 2012년 말에 망가졌다. 왜 그랬을까. 나원이 아빠는 "그때 당시에 애경 제품은 수거 명령에서 제외되어 있었다"라고 말했다.

골든타임을 한참 넘긴 시점에 강제회수가 실시됐지만, 나원이에게 피해를 입힌 애경 제품은 수거대상에서 제외하고 옥시와 같은 원료를 쓴 6종에 대해서만 수거 명령을 발동했던 것이다.

이 제한된 수거 명령 3개월 전, 가습기살균제가 원인 미상 폐 질환의 이유였음이 밝혀졌다. 관료들이 해야 할 상식적인 판단은 위험성이 확인된 가습기살균제 제품군 전체가 시장에서 소비자와 만나지 못하도록 유통을 차단하는 조치였을 것이다. 그것이 헌법 제34조 6항 '국가는 재해를 예방하고 그 위험으로부터 국민을 보호하기 위하여 노력하여야 한다'는 규정이 국가와 관료에게 부여한 최소한의 의무였을 것이다.

옥시 제품에는 PHMG라는 화학물질이 들어가고, 애경 제품에는 CMIT/MIT 같은 성분이 첨가된다. 인터넷에 떠도는 정보를 바탕으로 가장 독성이 강한 살균제를 만들었던 세퓨의 제품은 PGH를 사용했다. 하지만 호흡기로 화학물질을 흡입하는 가습기살균제라는 점에서는 모두 동일하다.

화학물질은 접촉 경로가 달라지면 독성 또한 달라진다. 같은 유독물질이라도 피부로 접촉할 때, 입으로 마실 때, 호흡기로 흡입할 때 각각 독성이 달라진다.

그런데 가습기살균제는 공통적으로 호흡기를 통해 화학물질이 전파되고, 실제 사망자가 다수 확인된 상황이다. 이때 관료들이 우선해야 할 '중요한' 것은 위험 제품 제조사보다 국민들의 생명과 안전이어야 했다.

2011년 당시 가습기살균제 각 제품과 질환과의 인과관계가 완전히 확정되지는 않았을지라도 위험의 가능성은 확인된 만큼 제품을 국민들로부터 차단하는 것이 타당한 조치였을 것이다. 가습기살균제의 시장 규모는 연간 20억 원 정도였다. 판매금지와 강제회수를 단행한다 해도 해당 기업과 국민 경제에 미치는 영향은 미미한 수준이었다. 하지만, 제한된 회수 조치만이 관료들에 의해 결정됐고, 그 결과 나원이는 목에 호흡 보조장치를 달게 되었다. 나원이 엄마는 이렇게 증언한다.

"나원이 이모가 쇼핑몰 납품업체에서 일을 했어요. 2012년에 직원 할인가로 애경 가습기메이트를 구매했어요."

관료들은 가습기살균제가 어떻게 세상에 나왔고, 그토록 오랜 시간 동안 관리의 공백하에서 판매될 수 있었는지를 묻는 자리에서 공통적으로 '규정이 미비했다'는 답변을 내놓았다. 규정이 없었기 때문에 가습기살균제의 출시를 제지하거나, 안전성 여부를 확인하지 못했거나 안 했다는 주장이다.

생명 앞에 만약은 없다

관료들이 좋아하는 규정을 놓고 정부의 정책을 살펴보도록 하자.

시중에 유통되는 제품이 소비자의 생명·신체 또는 재산에 위해를 끼치거나 끼칠 우려가 있는 경우에는 해당 제품의 사업자에 대하여 수거·파기·수리·교환·환급·개선조치 또는 제조·유통의 금지, 그 밖에 필요한 조치("수거 등")를 권고할 수 있다.

제품안전기본법 10조대로라면, 인체에 위해를 끼칠 가능성이 있으면 최종 결과가 나오지 않아도 제품을 강제회수할 수도 있었던 것이다.

강제회수 후에도 제품은 판매됐고 유해성은 제대로 알려지지 않았다. '뭣이 중헌지' 모르는 관료들의 연이은 헛발질이 두 살 아이의 호흡기를 어떻게 망가뜨렸고, 한 아이의 인생에 큰 슬픔을 새겨넣었다는 것을 기억해야 한다.

가습기살균제 참사는 결국 전 국민을 상대로 인체 실험을 한 상황이다. 어떠한 경우에도 독성물질을 인체에 사용하는 것은 용납될 수 없다. 수익만을 좇아 최소한의 윤리에도 눈감은 기업, 법의 미비만을 핑계로 적극적인 역할을 방기한 정부, 자료를 은폐하고 사실을 왜곡한 전문가들의 일탈이 함께 뒤엉켜 무려 17년간 집단 참사를 초래한 것이다. 서강대학교 화학과의 이덕환 교수는 제작진에게 이 사태에 대해 격정을 토로했다.

"지금 정부는 이 시점에서도 쥐한테 인과관계를 물어보겠다는 거예요. 피해자들은 쥐가 아닙니다. '가습기살균제 실험에 이용한 쥐한테 천식이나 기관지염에 대응하는 증상이 안 나타났다고 사람에게도 나타나지 않을 거다'라는 주장은 성립되지 않습니다."

쥐를 상대로 가습기살균제 성분의 유해성과 인과관계를 규명하겠다고 했지만, 실제 사용한 피해자들의 증상과 호소에 보다 귀 기울여야 한다는 전문가의 고언이다. 하지만 현재 정확한 가습기살균제 피해자 산정이나 보상기준, 범위는 확정되지 않았다.

가습기살균제 참사를 취재하며 '정부와 관료들은 왜 자꾸 중요한 것을 놓치고 있는 것일까'라는 의문을 갖게 됐다. 실제 정부의 결정을 보면 누구나 그런 질문을 던지지 않을 수 없는 상황이다.

가습기살균제가 처음 등장한 1994년에 살균제에 들어 있던 화학물질이 호흡 시 얼마나 유해한지에 대한 실험 자료만 정부가 요구했어도 이 제품은 세상에 나오지 못했을 것이다.

2006년과 2008년, 정체불명의 폐 질환이 집단 발병했을 때도, 바이러스가 원인이 아니었다는 점에만 포커스를 맞췄을 뿐, 인과관계를 규명하려는 추가 노력을 중단했다. 폐 질환 병력이나 유전적인 요인이 아니었으며, 실내에서 생활하는 사람들에게서 주로 발병했다는 점에 착안해 인과관계를 좁혀가며 추적했더라면 좀 더일찍 고통의 행렬은 멈출 수도 있었다.

2011년, 드디어 이 괴이한 질환의 원인이 밝혀졌을 때도 즉시 제품명을 공개하고 강제회수 조치를 취했다면 나원이 같은 추가 피해자는 발생하지 않았을 것이다. 그리고 2016년, 지금 관료들에게가장 '중요한' 것은 무엇일까.

어린 자식을 잃고 스스로 가해자라 자책하는 가족들의 고통에공감하고, 평생 장애를 안고 살아가야 할 어린 피해자들을 위한 대책을 마련하는 것이 아닐까? 하지만, 여전히 관료들은 원인 규명5년이 지난 지금도 무엇이 중요한지 모르는 것 같다. 아니면 짐짓모르는 체 시치미를 떼며 가습기 문제에서 최대한 멀어지려고 하는지도 모르겠다. 물론 자신의 자리에서 최선을 다하는 분들이 있을 것이다. 그러나 정책과 그 성과로 말해야 하는 것이 관료들이라면 피해자들의 고통과 호소에 이토록 귀 막고 있어서는 안 된다.

■ 그들만의 폭탄 돌리기

2016년 5월 11일, 국회 환경노동위원회 현안보고에서 주목할 만한 발언이 나왔다. 심상정 정의당 대표가 윤성규 환경부 장관에게 "그래서 환자들 만나고 다니셨어요. 그동안에? 만나셨어요?"라고 물었다. 이에 대해 국민의 대표 기관 앞에 선 환경부 장관은 이런 답변을 던졌다.

"제가 왜 환자를 만나야 됩니까? 제가 만나야 됩니까?"

피해자 산정과 보상기준을 마련할 소관 부처 장관의 인식이 적나라하게 드러난 순간이다. "민중은 개·돼지"라는 나향욱 전 교육부 정책기획관의 망언에 비할 만큼 참담한 발언이 아닐 수 없다. 피해자들의 먹먹한 아픔과 눈물겨운 호소에도 저토록 둔감할 수 있을까? 원인이 규명됐을 때 피해자들이 느꼈을 좌절과 생계의 막막함을 왜 이해하지 못할까? 무엇이 중요한지 모르는 관료들의 행태는 스스로 치유하기 힘들 만큼 관료사회 내부에 뿌리를 깊게 내리고 있다.

환경부 장관이 만나기 거부한 피해자들을 제작진은 만나고 또 만났다. 이를 통해 피해자 산정과 보상기준을 마련하는 것이 지금 얼마나 시급한지에 대해 절감할 수 있었다.

무려 13년 째 산소호흡기와 함께 생활하고 있는 임성준군의 아빠를 환경부 장관이 만났다면 담담하게 전하는 이런 말을 들었을 것이다.

"한 달에 천만 원씩 계산하더라고요. 중환자실에 여러 가지 기기들을 쓰고 하니까요."

그리고 성준 엄마 권미애씨의 "성준이가 스무 살, 서른 살 돼서 밥벌이는 어떻게 해요? 제가 먼저 죽을 수도 있는데 제가 사라지고 나면 성준이는 어떻게 해야 돼요? 나라에서 도와줘야 하는 거 잖아요"라는 눈물겨운 호소와 만날 수 있었을 것이다. 하지만 다시 피해자를 대하는 정부의 인식을 확인해보자. 가습기살균제 피해자 지원 법안에 대해 윤성규 환경부 장관은 "일반 국민이 낸 세금을 가지고 피해자들을 책임지는 건 옳지 않다"고 밝혔다.

스스로에겐 어떤 귀책사유도 없는 사람들이 기업과 국가의 잘못으로 빚어진 재앙에 피해를 봤다. "제가 왜 환자를 만나야 됩니까? 제가 만나야 됩니까?" 하는 환경부 장관의 말은 이들에겐 날카로운 비수처럼 다가왔을 것이다.

이런 인식을 가진 장관 그리고 관련 부처의 관료들은 책임이라는 폭탄을 서로에게 돌리기 시작한다. 관료들이 폭탄 돌리기 게임을 하는 동안, 국민 누구나 공감했을 그 '중요한' 무엇은 뒷자리로 밀리게 된다.

보건복지부는 가습기살균제가 환경부와 산업통상자원부의 소관이라며 폭탄을 넘긴다. 산업통상자원부는 인체 유해성이 환경부의 관할이라며 다시 폭탄을 돌린다. 환경부는 가습기살균제 피해가 환경성 질환에 해당하지 않는다며 폭탄 받기를 거부한다. 각 부처 누구도 책임을 통감하지 않고 적극적으로 나서지 않는 동안 피해자들의 장기는 굳어가고, 가족들의 가슴은 타들어갔다. 피해자들의 절규는 이 무책임의 끝을 보여주는 행태 앞에 무너져가고 있다. 그러니 정부여, '제발 좀 응답하라'.

정부 차원의 피해보상이 이뤄진다고 해도 피해자 누구나 그 혜택을 받을 수 있는 건 아니었다. 가습기살균제로 두 아이를 잃은 권예진씨. 권씨는 2004년부터 매달 한두 통씩 가습기살균제를 사용했다. 태명이 밤톨이였던 둘째 아이를 임신했을 당시 권씨는 답답해서 잠을 못 이뤘다고 한다. 하지만 그저 임신 증상의 하나로만 생각했다는 권씨는 "아이가 답답하다는 신호로 나를 못 자게 하는 것 같았다. 그래서 자다가 일어나 베란다 밖으로 머리를 내놓고 자고 그랬다"고 기억했다.

그런데 얼마 후, 밤톨이의 초음파 사진에서 이상한 점이 발견됐다. 태아의 신장이 하얗게 보인다는 것. 결국 권예진씨는 밤톨이를 떠나보낼 수밖에 없었다.

"하늘의 뜻이다, 아이를 보내자. 정말 아이한테 미안하지만 유도를 해서 아이를 31주에 보냈어요."

다시 1년 후 권예진씨는 셋째 동영이를 출산한다. 이번의 임신 기간 동안에도 아기는 밤톨이와 비슷한 증상을 보였다. 결국, 동영이는 태어난 지 넉 달 만에 밤톨이처럼 엄마 곁을 떠났다.

"내 몸 하나하나가 다 싫었고 내 모든 것이 다 싫었어요. 죽어서 그 아이를 살릴 수 있다면…… 모든 것이 원망스러웠어요."

과연 예진씨의 건강상태는 어떨까? 제작진은 예진씨와 영남대학교를 찾아 혈관 건강을 측정해 보았다. 예진씨가 진행한 혈관경직도 검사는 피가 흐르는 속도로 혈관 나이를 측정하는 검사다. 혈관이 노화되거나 막혀 있으면 피가 흐르는 속도는 빨라진다. 검사 결과는 그야말로 충격적이었다. 40대 중반인 예진씨의 혈관 나이가 65세로 나타난 것이다.

예진씨를 검사한 영남대학교 의생명공학과 조경현 교수는 결과에 대해 "혈관이 딱딱해지면 더더욱 막힌 것이다. 동맥경화와 유사한 혈관 노화가 더 빨리 진행될 수 있다"라고 설명했다. 이 검사 결과는 가습기살균제가 폐만이 아니라 다른 장기나 혈관에도 영향을 미칠 수 있다는 것을 보여준다. 좀 더 면밀한 검토가 필요하다는 얘기다.

▌ 어항 속 물고기들이 알려준 진실

다시 조경현 교수의 도움을 받아 제작진은 가습기살균제의 화학물질이 생명체의 장기에 어떤 영향을 주는지를 실험해 보았다. 우선 옥시와 세퓨 제품에 들어간 살균제 성분을 물고기가 들어 있는 수조에 권장량을 투여했다. 그리고 어떤 변화가 나타나는지 시간 대별로 관찰했다. 살균제 성분을 넣고 얼마 후, 물고기들이 자꾸 수면 위로 올라오는 것을 관찰할 수 있었다. 물고기들의 호흡에 문제가 생기기 시작한 것이다. 그리고 30분 후, 살균제 성분을 넣은 수조 속 물고기들이 서서히 물 밑으로 가라앉기 시작했다. 결국 한 시간이 지나자, 살균제를 넣은 수조 안의 물고기들이 모두 죽고 말았다. 과연 물고기들을 죽음에 이르게 한 살균제 성분은 내부 장기에 어떤 영향을 미쳤을까? 물고기를 해부해 내부 장기의 변화를 확인해 보았다.

해부 결과 가습기살균제에 노출된 물고기들의 심장은 섬유화가 진행돼 있었고, 혈액에도 문제가 있었다. 살균제 성분은 폐만이 아니라 다른 장기에도 영향을 미친 것이 확인된 것이다. 환경보건독성학회 회장을 맡고 있는 인하대학교 작업의학환경과 이종한 교수 역시 다음과 같은 소견을 밝혔다.

"간이나 콩팥에 대한 독성이나 태아에 미치는 영향까지는 아직 확인이 되지 않았을 뿐 안심할 수 없는 상황입니다. 유해물질은 폐에 국한되지 않고 전신을 따라 돌 수 있습니다. 따라서 폐뿐 아니라 다른 장기에도 들어갔을 가능성이 큽니다. 동물실험 결과로도 확인됐는데 태반을 통과해 태아에 영향을 끼치고 있을 가능성도 커 보입니다."

제작진 앞에서 이 실험을 진행한 조 교수는 2013년에 이미 같은 실험 결과를 환경부에 알렸다고 한다. 하지만 당시 환경부는 결과를 진지하게 받아들이지 않았고, 지금에서야 이를 검토하겠다는 입장이다.

제작진이 오랜 요청 끝에 어렵게 만난 환경부의 환경보건정책과장은 "저희가 이런 논문에서 나온 결과와 실적들도 고려해서 전문가 검토 위원회에서 함께 논의를 해 나갈 계획입니다"라는 원론적인 답변을 내놓았다.

지금 이 순간에도 권예진씨처럼 가족을 잃거나 심각한 장애를 안고 살아가는 사람들이 단지 폐 질환이 아니라는 이유로 피해자로 제대로 인정받지 못하고 있는 실정이다. 원인을 모른다는 게 가장 힘들었다는 예진씨는 정부 발표를 보고 가습기살균제가 원인이었단 걸 알게 됐다. 피해 신청을 했지만 정부는 1차 조사 때 예진씨를 피해자로 인정하지 않았다. 왜 그랬을까? 단지 폐 질환과의 연관성이 적다는 것이 이유였다. 정부는 가습기살균제 피해자를 옥시 제품에 들어 있는 특정 성분과 특정 부위, 즉 폐에 한정 짓는 집착을 보여 왔다.

다행히 2014년 4월부터 10월 사이 실시된 2차 조사를 통해 권예진씨와 밤톨이를 피해 사례로 인정했지만, 이들을 판정 불가의 4등급이라고 통보했다. 가습기살균제 문제가 불거지면서 정부는 '폐섬유화'의 발병 여부로 '관련성 확실' 1등급, '관련성 높음' 2등급, '관련성 낮음' 3등급, '관련성 거의 없음' 4등급으로 등급 판정기준을 나눴다.

　본인의 몸이 망가지고, 배 속의 밤톨이와 갓난아기 동영이를 떠나보낸 그녀의 아픔을 관료들은 아직 보듬어줄 준비가 돼 있지 않았다.

▌관련성 거의 없음의 오류

　피해자로 인정받기 위해서는 폐 질환에 한정돼야 한다는 조건도 있지만, 가습기살균제의 성분도 정부에서 인정받은 것이어야 한다. 2010년 말, 딸을 잃은 고한솔씨가 그 경우에 해당한다. 임신 6개월 만에 태어나 인큐베이터에서 사투를 벌이던 딸. 건강해진 뒤 데려온 집에서 행여나 감기라도 걸릴까, 애지중지 돌봤다고 한다. 부디 딸이 집에서 건강을 되찾기를 기도하면서 애경에서 나온 살균제를 가습기에 꼬박꼬박 챙겨 넣었다. 그런데 집으로 온 지 3주 만에 딸은 아빠의 간절한 마음을 뒤로하고 세상을 떠났다. 부부는 가습기살균제가 원인이라는 정부 발표를 보고, 피해 접수를 신청했다. 고한솔씨와 부인, 그리고 세상을 떠난 딸아이까지 신청했지만, 정부에서 받으라는 건강검진 항목은 폐 검사에 한정됐다고 한다. 등급 판정 결과 부부와 사망한 딸은 4등급 판정을 받았다.

　피해자들에게 등급 판정은 '주홍글씨'다. 4등급 판정을 받은 한

솔씨 가족은 의료비와 장례비 지원조차 받을 수 없다. 2016년 6월 3일, 환경부는 가습기살균제 피해자 추가 지원 대책을 발표했다. 그 내용은 다음과 같다.

우선, 산업재해보상보험법의 폐 기능 장해 등급에 따라 구분해, 1등급(고도장해)에는 매달 약 94만 원, 2등급(중등도장해)에는 매달 약 64만 원, 3등급(경도장해)에는 매달 약 31만 원을 지원한다. 간병비 판정기준과 의료기관의 감정을 거쳐 간병이 필요하다고 인정된 피해자에게는 하루 평균 7만 원씩의 간병비를 지급한다. 또, 정신적 트라우마에 시달리는 피해자 가족들에게는 전문의 상담과 치료 지원이 이뤄진다.

하지만 기존 가습기살균제 1~2등급 피해자들에게게만 한정한 대책인 데다 최저임금월 약 126만 원 이상의 소득이 있는 피해자에겐 적용되지 않는다. 이번 발표에 대해 '생색내기 대책'이라는 비판이 거센 이유다. '가습기살균제 피해자와 가족 모임'과 환경보건시민센터는 "피해자들의 생활을 지원하기 위한 긴급구제 목적이라면 1~4등급 가습기살균제 피해자 모두를 대상으로 해야 한다"고 주장했다. 최저임금소득 이하로 지원 대상을 제한한다면 해당할 피해자가 과연 몇 명이나 되겠는가? 가습기살균제는 실제 소득수준과 상관없이 일반 소비자들이 보편적으로 이용했던 제품이다.

정부의 이번 추가 지원 대책은 기존의 치료비와 장례비처럼 '선 지원, 후 구상권 청구' 방식이다. 정부 예산으로 먼저 구제한 뒤 가해 기업들을 상대로 구상권을 행사해 받아내겠다는 것이다. 최예용 환경보건시민센터 소장은 "나중에 피해자들이 제조사들로부터 받아야 할 피해 보상을 정부가 빌려주는 것밖에 안 된다. 실질적으로 피해자들에게 도움도 안 되는 일을 생색내는 것이다"라고 비판했다.

나이 마흔셋에 얻은 딸을 잃고, 생사의 문턱을 오가던 아내를 간호하는 장동만씨는 제작진에게 절규하듯 괴로운 심정을 토로했다. "제발 우리 피해자들 구걸 좀 그만하러 다니게 해주십시오." 관료들은 언제가 되어야 이런 절규의 중요함을 알게 될까?

또 하나의 중요한 문제는 앞서도 언급한 것처럼 제품군을 한정 지은 것이다. 등급 판정에서도 옥시가 아닌 애경의 제품을 쓴 피해자들은 대부분 낮은 등급의 판정을 받거나 제외되었다.

정부가 이런 방침의 근거로 활용한 건 2011년에 이뤄진 독성 시험 결과다. 질병관리본부의 주도로 각 제품의 유해성을 측정한 것이다. 세포독성 실험을 시작으로, 공기 중에 포함된 살균제 성분을 검출하는 노출 재연 실험, 쥐를 이용한 흡입 실험까지 진행했다. 실험들을 종합해서 분석한 결과 옥시와 세퓨 제품에 포함된 성분 PHMG·PGH은 폐 손상과의 연관성이 확인됐지만, 애경 제품은 그 인과관계가 입증되지 않았다는 것이다. 이로 인해 애경 제품은 현재 검찰의 수사 대상에서도 빠져 있다. 실험 결과가 면죄부가 된 것이다. 이것이 피해자들의 등급 판정기준에 대한 근거 자료로도 쓰였다는 점을 생각하면 다시 한 번 당시 실험을 되짚어볼 필요가 있다.

하지만 당시 노출재연 실험을 담당한 환경영향평가 전문업체 네오엔비즈의 이종현 박사는 제작진에게 다음과 같이 말했다. "그 당시 CMIT/MIT를 실내 공기 중에서 표집해서 그 농도를 측정하는 기술이 충분히 개발되지 않아서 원활하게 실험 과정에 적용되지 못했던 한계들이 있다"며 실험의 한계가 있음을 인정했다.

세포독성 실험을 담당한 흡입독성연구센터의 이규홍 센터장도 같은 취지의 증언을 했다.

"가습기살균제 내에 CMIT/MIT는 굉장히 소량이 들어 있어요. 가습기살균제란 제품을 이용해서 우리가 농도를 높게 올릴 수 있는 데에는 한계가 있었고, 그 실험 한계에서 독성 작용을 확인할 수 없었던 거죠."

그렇다면, 왜 이런 한계가 있는 실험 결과를 완전히 입증되지 않은 상태에서 급하게 발표한 것일까? 이종현 박사의 증언이 이어진다.

"질병관리본부에서 수행한 2011년도의 연구 결과는 그해 늦가을부터 다시 또 가습기살균제를 사용하게 될 상황 이전에 제품을 시장에서 회수할지를 결정하기 위한 3개월간의 조사 연구였습니다."

이제 의문이 풀린다. 전문가들은 속출하는 폐 질환과 가습기살균제의 인과관계를 분명히 해 가습기 사용이 집중되는 가을 이전에 마무리하는 것을 보다 우선순위에 둔 것이다. 그리고 애경 제품에는 면죄부가 아닌 추가 실험과 인과관계 입증이 필요하다는 것을 당시 참여한 전문가들은 공유하고 있었다. 역시 이종현 박사의 증언이다.

"CMIT/MIT가 중증 폐 건강 손상까지 포함해서 다양한 건강 피해를 일으키는 원인물질로서 지목되는 건 타당한 결론이라고 생각됩니다. 그것을 입증할 수 있는 과학적, 객관적 근거를 확보하기 위해서 추가적인 흡입독성 및 여타에 따른 연구 사업들이 진행이 돼서 이후의 법정 다툼에서 공정한 증거로 활용될 수 있도록 준비하는 게 환경부와 전문가들의 역할이라고 생각합니다."

그러나 환경부를 비롯한 관련 부처의 관료들은 전문가들의 한시적이고 추가 실험이 필요하다는 의견을 묵살하고, 정책의 근거로 만들어버렸다. 그것이 지금 이 시점까지 이어져 오고 있는 것이다.

취재에 나선 이후 환경부는 그제야 위원회를 구성해 성분을 분석하겠다고 말한다. 환경부 환경보건정책과장은 "다른 장기에 대한 영향도 같이 고려해서 폐 이외 질환에 대한 검토를 위한 소위원회를 구성했다"고 말했다. 애경 제품의 CMIT/MIT 성분에 대한 조사에 대해서도 "CMIT 부분도 같이 검토가 될 예정"이라고 답변했다.

과연 환경부의 관료들은 이제 무엇이 중요한지 알게 된 것일까? 아니면 제작진 앞에서 미봉책을 내세우며 이때만을 모면하려고 하는 것일까?

▌커다란 소리로 계속 문을 두드리면

취재 과정에서 만난 대부분의 관료들은 무엇이 중요한지 모르고 있었다. 아니 정확히 말하자면, 취재 요청을 거부한 관료들이 그보다 더욱 많았다. 하지만 취재 과정에서 어려운 결심을 하고, 카메라 앞에 선 용기 있는 관료들도 있었다. 이들이 있어 한국의 관료사회에 대한 조금의 희망을 읽을 수 있었다.

화학물질과 위해성 평가를 담당하는 환경부 산하 국립환경과학원의 김삼권 전 원장은 대다수 공직자가 몸을 숨기는 상황에도, 큰 용기를 내주었다. 30년간 환경부에 몸담았던 공직자로서, 이번 참사에 대해 계속 침묵할 수 없었다고 말한다. 용기만큼이나 그의 증언과 통렬한 자기 고백은 울림이 컸다. 그는 우선 환경부에서 화학물질을 담당하는 전문가가 턱없이 부족하다고 고백했다.

"원장으로 재직할 당시에 몇 명 되지 않았어요. 5~6명 정도. 과장을 빼고 나면 4~5명이었거든요. 상당히 어렵습니다. 전문가가 그렇게 많지 않아 상당히 어려워요."

가습기살균제와 같은 화학물질을 다루는 데 있어 정부의 대처 능력이 근본적으로 취약하다는 고백이다. 피해를 제대로 수습하지 못한 이유에 대해선 정부부처 간의 책임 미루기를 지목했다.

"질병을 환경부에서 다루는 걸 식품의약품안전청이나 질병관리본부가 되게 싫어해요. 질병을 환경부가 왜 다루냐, 그러죠."

2011년 8월 31일, 질병관리본부가 가습기살균제를 원인 모를 폐질환의 이유로 지목하기 직전인 그해 4월까지 질병관리 본부장을 역임했던 이종구 서울대 의대 교수 역시 어렵게 인터뷰에 응해 주었다.

"부처 간의 책임 떠넘기기. 이런 표현이 있는데, 엄밀하게 얘기하면 책임질 사람이 책임을 안 지는 것입니다. 가습기살균제 중 일부 제품은 기술표준원에서 KC마크를 받고 국가가 '이 제품을 안전합니다'라고 보증했던 제품입니다. 그런 제품이 시장에 유통됐다는 건 분명한 사실이거든요. 여기에 대해서는 책임이 명확하게 밝혀질 필요가 있다고 생각합니다."

이종구 교수는 관리 사각지대에 관료들이 숨어 있지 않았느냐는 물음에는 "관리 사각지대가 존재할 수밖에 없었다는 건 정부당국도 또는 정치인들도, 전문가들도 잘 알고 있었다. 그걸 보완하기 위한 노력을 충분히 하지 못했다는 점에서 스스로도 반성이 되는 면이 있다"고 답했다.

김삼권 전 국립환경과학원 원장이나 질병관리본부를 이끌며 2011년의 원인 규명의 토대를 만든 이종구 서울대 교수와 같은 공직자들의 고백이 관료사회에 좀 더 확산되기를 바랄 뿐이다.

폐 손상의 원인이 드러난 지 5년이 지난 지금, 정부의 시계는 여전히 흐르지 않고 멈춰 있다. 가습기살균제 피해자들은 누구보다 가족들을 사랑했던 건강한 시민들이었다. 국가를 위해 성실히 일

터에 나갔고, 납세의 의무를 충실히 수행했고, 화목한 가족을 꾸리기 위해 사랑하는 아이를 낳았던 사람들이었다.

김삼권 전 원장은 "선 대책이 이어져야 한다. 피해도 보상해야 하고 그다음에 국민들도 안심시켜야 한다. 그러고 나서 제도를 보완하거나 잘잘못을 따지는 게 필요하다. 국민들이 피해를 본 것이다. 그 점에 대해서는 정부든 국가든 사죄를 해야 한다"고 질타했다.

다시 한 번 대한민국 헌법 34조 6항이 떠오른다. 국민의 생명과 재산을 지키는 것이 정부의 역할이고 공직자의 가장 중요한 사명일 것이다. 하지만 가습기살균제 참사에서 정부는 없었다.

07

악마와 손을 잡은
'파우스트'

미혹의 바다에서 벗어날 수 있다고
여전히 희망하는 자는 행복하다.
– 괴테의 《파우스트》

파우스트의 거래

2016년 7월, 미국 공화당 전당대회가 열린 무렵이었다. 미국 HBO방송의 유명 토크쇼 진행자인 빌 마허Bill Maher가 공화당 지도부와 대선 후보 도널드 트럼프Donald Trump를 향해 다음과 같은 비난을 퍼부었다.

"공화당 주류 진영이 대선 후보 지명을 막고자 그토록 안간힘을 썼던 도널드 트럼프는 그 누구도 아닌 공화당 자신이 만들어냈다. 공화당은 몇 년 전 인종차별주의자라는 악마들과 '파우스트의 거래'를 했다. 그 거래로 태어난 새끼도널드 트럼프들이 이제 집으로 돌아와 둥지를 틀려고 한다."

이처럼 서구에서는 물질이나 쾌락 때문에 악에 빠져드는 사례를 '파우스트의 거래'라고 부른다. 파우스트는 15~16세기 독일에 실존했던 학자다. 가난한 집안에서 태어난 그는 다양한 분야에서 최고의 경지에 이른다. 그의 높고 넓은 학식은 세간에 각종 전설을 만들어냈다. 대표적인 전설의 줄거리는 대략 다음과 같다.

그는 우주의 이치를 깨닫기 위해 마법으로 마침내 악마를 불러낸다. 이후 지식욕에 눈이 멀어 위험한 계약을 하게 된다. 모든 지식과 쾌락을 얻는 대신, 계약 기간이 끝나면 영혼을 악마에게 맡기는 것이다. 세상의 모든 쾌락과 지식을 경험한 파우스트 박사는 계약 기간이 되면서 지옥에 떨어지게 된다.

독일의 대문호 괴테는 이 전설에서 영감을 얻어, 희곡《파우스트》를 저술했다. 이 희곡은 전 세계인에게 다음과 같은 묵직한 질문을 던졌다. '파우스트의 거래'는 정당할까. 인간이 악마의 유혹에서 얼마나 자유로울까. 인간의 자율의지는 정말 악에서 탈출할 수 있을까.

희곡에서 악마 '메피스토펠레스'는 신에게 내기를 건다. 현실 세계로 말하면 악이 선에게, 불의가 정의에게 게임을 제안한 것이다. 메피스토펠레스는 파우스트 박사를 악의 구렁텅이로 유혹하여 파멸시킬 수 있다고 주장했다. 반면 신은 인간이 음험한 유혹을 받더라도 결국은 올바른 길을 선택할 수 있는 '선한 본능'이 있다고 확신했다.

메피스토펠레스는 삶의 의미를 잃고 방황하던 파우스트에게 접근해 온갖 환락을 다 맛보게 해주겠다며 유혹을 시작했다. 악마는 늙은 파우스트에게 청년의 몸을 주고 아름다운 여성과 사랑에 빠지게 했다. 하지만 파우스트는 개인적 욕구를 모두 채웠음에도 여전히 인생의 의미와 가치를 찾지 못했다.

어느 날, 파우스트는 우연한 기회에 해안의 영토를 얻게 됐다. 그는 이 땅에 민중이 자유롭게 사는 나라를 건설하기로 했다. 전력을 다해 그가 생각했던 평화와 자유의 나라를 만들어갔다. 비로소 인생의 의미를 깨달은 그는 '메피스토펠레스와의 거래'에서 해방된다. 그의 마지막 대사는 이랬다.

"지혜의 마지막 결론은 이렇다. 자유도 생명도 날마다 싸워서 얻는 자만이 그것을 누릴 자격이 있다."

괴테는 인생의 의미는 권력, 재력이 아닌 공익과 자유, 헌신에 있음을 말하려 했다. 인생의 의미와 가치를 찾는 여정을 보여주는 《파우스트》는 결국 악마의 유혹을 떨쳐내고 선한 본능을 따라갔다.

현실 세계에서 우리 각자는 파우스트이자, 파우스트가 아니기도 하다. 우리는 매 순간 악의 유혹을 받는다. 파우스트처럼 그 유혹에 넘어가기도, 그렇지 않기도 하다. 하지만 한 번 악의 유혹에 빠져든 사람이 그 수렁에서 빠져나오는 경우는 아주 드물다. 파우스트처럼 악과의 거래를 뜯어내는 사람은 현실 세계에서 보기 힘들다. 파우스트는 인생의 진정한 의미를 알려주는 걸작이자, 악과의 거래가 얼마나 끈질긴지 보여주는 노작이다.

현대사회가 급속히 물질화·쾌락화 하면서 메피스토펠레스의 유혹은 점점 크고, 많아지고 있다. 오늘날의 파우스트는 그전보다 많은 악마와 직면한다. 악마의 유혹에 넘어가기 쉬운 구조이다. 위기의 파우스트는 가습기살균제 대참사에서도 존재한다. 돈을 벌기 위하여 연구 결과를 은폐하고 조작했던 학자들이 그들이다. 그들은 어떻게 악의 유혹을 받고, 왜 수렁에서 빠져나오지 못했을까.

옥시가 개입한
흡입독성 실험 결과 보고서

2011년 8월
보건복지부 역학조사 결과 발표
가습기살균제가 원인 미상 폐 손상의 원인으로 추정

2011년 11월
정부, 가습기살균제 사용 중단 권고와 수거 명령

2011년 11월
서울대 수의학과 조 교수
옥시 측 의뢰로 〈흡입독성평가 결과 보고서〉 작성

2012년 2월
한국건설생활환경시험연구원(KCL)
〈흡입독성 실험 중간 결과 보고서〉 옥시에 제출
"유독성 입증 됐으나 옥시는 실험 중단 요청"

2012년 9월
호서대 유 교수, 실험 결과 왜곡한
〈가습기살균제 노출평가 실험 최종 보고서〉 옥시에 제출

▌판도라의 상자가 열리다

22년 동안 자물쇠로 단단히 묶여 있던 비밀. 그 추악한 판도라의 상자가 열린 것은 2016년 1월, 검찰이 가습기살균제 특별수사팀을 꾸리면서다. 압수수색과 참고인 조사 등의 단신들이 간헐적으로 보도되긴 했지만, 본격적으로 진실이 공개되기 시작한 시기는 5월에 접어들어서였다. 5월 4일, 한 중년 남자가 긴급 체포되었다. 가습기살균제 특별수사팀의 첫 번째 구속 피의자가 된 남자. 그는 바로 서울대 수의학과 교수인 조모씨였다.

가습기살균제를 만들어 판 기업가도, 그것을 방관한 정부 관계자도 아니고, 왜 하필 명문대 교수가 검찰의 첫 번째 타깃이 됐을까? 문제가 된 것은 압수수색에서 발견된 두 개의 문서, 옥시 측의 의뢰를 받고 작성한 〈가습기살균제 생식독성 보고서〉와 〈흡입독성 평가 보고서〉였다.

2억 5,000만 원의 연구용역비 외에 1,200만 원의 뒷돈을 더 받고 옥시 측에 불리한 보고서는 은폐, 또 다른 보고서는 유리하게 조작해 전달했다는 혐의였다. 하지만 서울대 교수는 영장실질심사에서 1,200만 원이 자문료였을 뿐 대가성은 아니었다고 주장했다. 그는 "극악무도한 옥시와 어떻게 한 패거리로 몰 수 있느냐. 목적을 가지고 한 보고서가 아니다. 내가 옥시처럼 살인을 했나. 김앤장처럼 부도덕한 일을 벌였나. 앞뒤를 무시하고 짜맞춘 것이다"며 억울함을 호소했다.

이런 호소에도 검찰은 결국 조 교수를 구속했다. 압수수색에서 발견된 유서 때문이었다. 가족과 변호인 등에게 남긴 5~6통의 유서는 '본인이 죽더라도 진실을 밝혀 달라'는 내용이었다. 검찰은 조 교수가 처벌에 대한 두려움과 압박감으로 극단적 선택을 할 가능성이 높다고 판단하여 구속했다. 그런데 다음 날 서울대 교수의 변호인이 이례적으로 기자회견을 자청하고 나섰다. 그 내용은 다음과 같았다.

"2011년 11월과 2012년 초 사이에 옥시는 모든 상황을 다 알고 있었습니다. 생식독성 결과는 물론이고 흡입독성 결과에서 문제가 있다는 점을 잘 알고 있었고, 특히 서울대 연구하고 같이 진행됐던 KCL한국건설생활환경시험연구원의 고농도 실험에서 폐 섬유화의 증거가 나왔다는 사실도 옥시 측에서는 이미 인지하고 있었습니다."

변호사가 이렇게 적극적으로 서울대 교수를 변호하고 나선 이유는, 조작과 은폐의 몸통이 따로 있다는 것을 알리기 위해서라고 강조했다. 서울대 조 교수는 이용당한 뒤 잘려나간 꼬리에 불과하다는 것이다. 〈이규연의 스포트라이트〉 제작진이 '서울대 보고서'에 대해 본격적인 취재에 나서자 조 교수의 가족도 방송국으로 직접 찾아왔다. 조 교수의 가족은 다음과 같이 말했다.

"옥시에서 서울대 수의대로 직접 의뢰를 한 게 아닙니다. 산업자원부 산하의 GLP 기관인 KCL에 소속된 L본부장이란 분께 2011년

9월경 전화로 제안을 받게 되었습니다. 둘은 이전에 친분이 있었고 요. 기업체의 연구용역이니까 학생들을 생각해서 그때 수락을 했다고 합니다."

이들의 주장에 반복적으로 등장하는 KCL은 어떤 기관이고 GLP란 또 무엇일까? 학생들을 위해 연구용역을 수락했다는 것은 무슨 의미일까? 이후 호서대 유 교수도 옥시의 용역으로 보고서를 작성했다는 사실이 드러났다. 뒷돈이 오갔다는 정황도 '서울대 보고서'와 유사했다. 서울대, KCL, 그리고 호서대. 옥시와 여러 학자들 사이에 대체 어떤 일들이 벌어진 걸까? 이 검은 이야기는 모두 2011년 8월로 거슬러 올라간다.

2011년 8월에 있었던 일

2011년 8월은 2006년 이후 계속해서 제기됐던 의문의 폐 질환에 관해 질병관리본부가 처음으로 침묵을 깨고 행동에 나선 시점이었다. 2011년 봄, 의문의 폐 질환으로 목숨을 잃거나 폐 이식까지 받아야 하는 환자가 한꺼번에 28명이나 발생했기 때문이다.

수년째 비슷한 증상에 대해 호흡기 질환만 의심해오던 질병관리본부는 이때 처음으로 가습기살균제를 의심하기 시작했다. 7월 20일, 성균관대 약대 예방의학 연구실 김용화 박사에게 6종의 가습기살균제에 대한 세포독성 시험을 의뢰했다. 그 결과 4개 제품에서 용량의존적인 세포독성이 나타났다. 이를 토대로 질병관리본부는 8월 31일, "가습기살균제가 원인 미상 폐 손상의 위험요인으로 추정되기 때문에 최종 결과가 나올 때까지 사용을 자제하라"고 공식 발표했다.

이 발표 직후, 질병관리본부는 다시 3명의 전문가에게 그에 대한 본격적인 검증을 의뢰한다. 바로 안전성평가연구원 이규홍 박사와 네오앤비즈 이종현 박사, 그리고 세포독성 시험을 수행했던 위해성 평가 전문가 김용화 박사였다. 이규홍 박사가 동물 독성 실험을, 이종현 박사는 노출재연 실험을 맡았다. 이규홍 박사는 동물 독성 실험에 대해 다음과 같이 말했다.

"저희한테 주어진 과제는 가습기살균제를 흡입하면 폐 손상이 재현되는지를 동물에서 확인할 수 있는가입니다".

노출재연 실험을 맡은 이종현 박사는 실험에 대해 다음과 같이 얘기했다.

"노출재연 실험이란 가습기살균제 피해자들이 살균제 성분에 얼마나 노출됐는지 확인하기 위한 실험입니다. 3개월 앞으로 다가선 늦가을부터 시작되는 가습기 재사용 시기 이전에 가습기살균제 성분에 대한 시장에서의 퇴출 유무를 판단해야 했기 때문이었어요."

실험 결과, 가습기살균제에 포함된 PHMG 성분이 유해한 농도로 공기 중에 노출되고, 그것이 나노입자로 흡입되면 폐가 딱딱하게 굳는 섬유화를 일으킨다는 사실이 확인됐다.

　김용화 박사는 "실험이 성공적이어서 가습기살균제는 사람이 죽을 수밖에 없다는 결론이 나왔습니다. 그래서 제품을 회수했고, 그 후 같은 증상의 환자들이 없어졌습니다"라고 얘기했다.

　이 실험 결과를 바탕으로 정부는 2011년 11월, 가습기살균제 사용을 중단하라는 권고와 함께 3개 제조사에 대해 가습기살균제 회수 명령을 내린다. 그러나 이것은 비극의 끝이 아니라 전쟁의 시작일 뿐이었다. 이미 옥시를 필두로 가습기살균제 제조업체들이 추악한 반격을 준비하고 있었기 때문이다.

▍두 얼굴의 보고서

　옥시는 질병관리본부가 가습기살균제 사용 자제 권고를 내린 직후, 발 빠르게 움직이기 시작했다. 질병관리본부와 같은 시기에 다른 전문가들에게 비슷한 실험을 의뢰했다. 가장 먼저 실험을 의뢰한 곳은 KCL Korea Conformity Laboratories 이었다. 2010년 7월 6일, 한국건자재시험연구원과 한국생활환경시험연구원을 통합하여 신설된 산업자원부 산하 기술표준원의 유관기관으로서 건축자재, 토목 관련 제품, 생활용품, 의료기기 등에 대한 시험·평가·인증과 연구 개발 등의 업무를 수행하는 GLP Good Laboratory Practice 기관이다. GLP 기관이란 우수 실험실 운영기준을 뜻한다. OECD에서는 독성 시험에 있어서 GLP를 "의약품, 농약 및 화학물질의 안전성 평가를 위하여 실시하는 각종 독성 시험과 환경독성 시험에 대한 제반 준수사항을 규정_{운영체계, 적정 인원 및 적정시설}함으로써, 시험과정 및 결과에 대한 신뢰성을 확보함을 목적으로 한다"고 정의하고 있다. KCL의 독성 시험은 국제적으로 인정받는 공신력이 있음을 의미한다.

옥시는 이렇게 국제적 공신력을 갖춘 KCL에 독성 시험을 의뢰한 뒤, 추가로 GLP 기관이 아닌 서울대에도 독성 시험을 의뢰했다. 서울대 수의학과 조 교수가 KCL을 통해 옥시의 연구용역 제안을 받고 계약서를 작성한 것이 9월 30일. 비슷한 시기에 호서대 유 교수에게도 따로 노출재연 실험을 의뢰했다.

이렇게 저농도 동물독성 실험은 서울대 조 교수, 고농도 동물독성 실험은 KCL, 노출재연 실험은 호서대 유 교수가 맡기로 했다. 〈이규연의 스포트라이트〉 제작팀은 옥시가 3개 기관에 의뢰한 실험 보고서를 모두 입수했다. 그리고 질병관리본부 측 실험을 진행했던 전문가들에게 이 보고서의 검토를 부탁했다. 그 결과는 어땠을까?

우선, 옥시가 서울대에 의뢰한 두 개의 보고서. 그중 결과가 먼저 나온 것은 생식독성 실험이었다. 임신한 쥐 15마리에게 가습기살균제 성분을 4주간 투여했더니 그중 13마리의 태자가 죽거나 기형을 보이는 등, 옥시에 매우 불리한 결과였다.

과제의 임신동물(임신확인 3주차)의 반복 흡입독성 결과보고서

옥시레킷벤키저서 공급받은 가습기살균제(가습기당번) 사용하여 임신동물의 반복 흡입독성을 시험하였다. 대조군, 저농도(가습기살균제 0.5퍼센트 함유), 중농도(가습기살균제 1퍼센트 함유), 고농도(가습기살균제 2퍼센트 함유) 노출군으로 설정하여 임신기간 반복흡입 노출결과, 모든 노출군에서 사망한 동물은 없었으며, 어떠한 임상증상도 나타나지 않았다. 또한 노출군에서 대조군과 비교하여 유의성 있는 체중변화가 관찰되지 않았다. 혈액학적 검사결과 RBC, HCT, MCH, MCHC에서 유의적인 변화가 관찰되었다. 혈액생화학적 시험결과 GLU, LDH, AST, TG, BUN 항목에서 대조군 대비 유의성이 관찰 되어졌다. 자궁 내 태자를 분석결과 대조군에서 1태자, 저농도에서 4태자, 중농도에서 4태자, 고농도에서 6태자의 사망태자가 관찰되어졌다. 조직병리학적 검사결과 폐장의 조직병리학적 시험 결과 관찰되는 일련의 병변들은 그 빈도와 정도에 있어 투여용량과 상관관계가 나타나지 않았을 뿐 아니라, 대조군에서도 빈

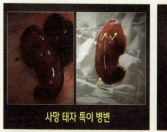

사망 태자 특이 병변

사망 태자

가습기살균제로 인해 사망하거나 병변을 일으킨 실험쥐의 태자.

번히 관찰되고 있어 투여물질에 의한 것으로 보기 어렵다. 거품성의 세포질을 가진 큰포식세포의 무리가 고농도군에서 관찰되었지만, 단 1예에서만 나타났고, 다른 병변에 비하여 중요성이 낮아 역시 투여물질과 관련이 없을 것으로 본다. 그러나 자궁 내 태자 분석항목에서 농도 의존적으로 사망태자 수가 증가함이 관찰됨에 따라 생식독성 가능성이 존재하며 추가적인 실험이 필요로 할 것으로 사료된다.

사실, 그동안 피해자로 인정받지 못했던 사람들이 있었다. 임신 중에 가습기살균제를 쓰다 태아를 잃은 엄마들이다. 임신 중 가습기살균제를 사용하다 태아를 잃은 전모씨는 그 당시 상황을 회상하며 다음과 같이 얘기했다.

"태동도 이상이 없었고, 출산이 다가오고 있었어요. 25주 정도 즈음에 의사 선생님이 초음파를 해보시더니 태아의 폐가 많이 부어 심장을 밀어 심장이 자리에서 약간 이탈해 있다고 하셨어요. 3일 정도 유도분만 과정을 거쳐 태어났는데, 우리 아기 숨은 쉬냐고 물어보니 '멈췄습니다' 그러시더라고요. 제가 늦은 임신에 첫애이다 보니까 충격이 커서……"

〈서울대 생식독성 보고서〉는 태아의 폐 손상이 가습기살균제 때문이었다는 사실을 입증해주는 결정적 증거였다. 하지만 옥시는 5년 전 이 보고서 내용을 알고도 은폐한 것으로 보인다.

2011년 11월 29일, 서울대 조 교수는 옥시 측 임원들 앞에서 이 보고서 내용을 공개적으로 발표했다. 조 교수가 옥시와 뒷돈 논란을 일으킨 자문계약서를 쓰고 자문료를 받은 것도 바로 이 즈음이다. 다음은 조 교수의 변호사와 〈이규연의 스포트라이트〉 제작진이 나눈 질의응답이다.

변호사 지금 조 교수님이 세 달에 걸쳐 400만 원씩 부정청탁을 받았다고 의심받고 있는데요. 여기서 돈을 받은 시점이 중요합니다. 돈을 받은 날은 10월 28일, 11월 28일, 12월 28일, 이 세 차례입니다. 그런데 조 교수님은 두 번째 돈을 받았던 시점에서 연구 결과를 발표하셨습니다.

피디 11월 29일에 발표하셨으니까 옥시는 그때부터 다 인지를 하고 있었던 거네요.

변호사 물론입니다. 실제로 발표는 2011년 11월 29일에 되었지만 이전에도 수시로 옥시 관계자가 전화로 물어봐서 결과를 구두로 통보했기 때문에 그 이전 시점에 모두 다 알고 있었던 겁니다.

이 자리엔 옥시 측 변호를 맡은 김앤장 변호사는 물론 영국 본사와 싱가포르, 미국 등 옥시의 글로벌 임원들도 동석했다고 한다. 하지만 가습기살균제의 독성을 보고받은 옥시 측 글로벌 임원들이

등기부등본에 따르면, 옥시는 서울대 교수로부터 생식독성 실험결과를 받은 직후, 유한회사로 조직을 변경했다. 이로써 법인의 책임은 사라지고 대표이사 개인의 책임만 남게 됐다.

가장 먼저 한 일은 '주식회사'보다 책임이 적은 '유한회사'로 등기를 바꾸는 것이었다.

주목할 것은 옥시가 유한회사로 조직을 변경한 것이 2011년 12월 12일이라는 점이다. 공교롭게도 서울대의 생식독성 결과를 보고받은지 불과 보름도 안 된 시점에 주식회사에서 유한회사로 바꿨다. 외국에서 책임자들이 전부 와서 이 결과를 다 봤기 때문에 내부적으로 논의가 있었을 것이라고 서울대 조 교수 측 변호사는 추정했다. 이로써, 옥시라는 법인의 책임은 사라지고 대표이사 개인의 책임만 남게 되었다.

2012년 2월, KCL의 '동물 흡입독성 실험' 중간 결과가 나왔다. 그 내용은 무엇일까. 질병관리본부의 의뢰로 같은 실험을 진행했던 이규홍 박사는 이 보고서를 검토한 뒤 "동일해요. 저희랑 동일해요. 저희보다도 오히려 독성이 조금 세게 나오는 경향이 있네요"라며 "그럴 수 있는 게 저희 때는 가습기살균제를 직접 쓴 거고요. KCL은 PHMG 성분만을 가지고 했으니까요"라고 덧붙였다.

28일간 가습기살균제를 흡입한 쥐의 폐에서 혈관이 터져 부풀어 오르는 증상이 관찰되고 23일 만에 사망에 이르는 등 명백한 유독성이 입증되었다. 하지만 옥시는 별다른 이유 없이 이 실험을 중단시켰다. 그 이유에 대해 KCL 관계자는 다음과 같이 말했다.

"어차피 28일간의 고농도에서 유해한데, 이 똑같은 실험을 91일 동안 똑같이 했을 때 어떤 영향이 미칠지는 그 사람들도 충분히 예

측 가능했을 거 아닙니까. 옥시 입장에서 실험 결과가 마음에 안
들었을 겁니다."

옥시 측에 유리한 서울대 〈흡입독성 최종 보고서〉가 완성된 것
은 2012년 4월. 이 보고서에는 옥시에 불리한 실험 결과, 즉 임신한
쥐를 대상으로 한 결과는 빠지고 일반 쥐를 대상으로 한 실험 결과
만 담겼다. 검찰은 이 보고서를 직접 작성한 당시 서울대 박사과정
권모씨의 진술을 토대로 데이터가 조작됐다고 판단했다. 교수의
지시로 데이터 일부를 누락시켰다는 것이다. 제작진은 현재 국책
연구기관에서 일하고 있는 권모씨를 어렵게 만나볼 수 있었다. 하
지만 그는 극도로 말을 아꼈다.

"제가 조사받는 상황에서 검찰 조사 사항에 대해 말씀드릴 수 있
는 게 없어요. 저도 압수수색 당했어요. 저도 정말 힘듭니다. 검찰
에서 충분히 하고 있으니까……"

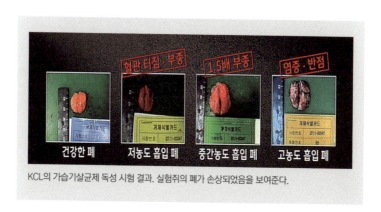

KCL의 가습기살균제 독성 시험 결과. 실험쥐의 폐가 손상되었음을 보여준다.

그의 대답만으로는 조작이 있었는지, 그리고 그것이 교수의 지시에 의한 것인지 단정 지을 수 없었다. 그런데 당시 서울대 흡입독성 실험에 참여했던 또 다른 연구원은 조작은 없었다고 항변했다. 권씨가 왜 그런 터무니없는 진술을 했는지 모르겠지만 보고서만 제대로 읽어봐도 조작으로 판단할 수 없다는 것이다. 다른 연구원의 주장이다.

"이 보고서는 옥시를 위한 보고서가 아니에요. 어떻게 보셨는지 모르겠는데 그 보고서 자체는 독성이 없다고 얘기한 게 아니에요. 흡입독성의 경우는 저희가 폐를 봤을 적에 폐에는 뭔가 뚜렷한 병변이 나타나지 않았어요. 그렇지만 간, 심장 이상 등에는 우리도 문제가 있다고 판단을 했습니다. 그렇게 적었고요."

실제로 보고서엔 전신독성에 대한 언급이 있다. 하지만, 폐 병변

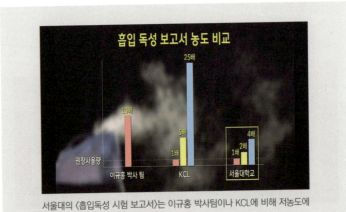

서울대의 〈흡입독성 시험 보고서〉는 이규홍 박사팀이나 KCL에 비해 저농도에서 실시되었다는 의심을 받고 있다.

이 대조군과 비교했을 때 유의미하게 나타나지 않았다. 그 이유를 서울대 연구원에게 물어보았다. "매우 당연한 결과"라는 답변이 돌아왔다.

실험에 사용한 가습기살균제의 농도가 권장사용량의 2배, 4배로 설정되었는데 이 정도라면 독성학적으로 문제가 되지 않는 농도라는 것이다. 독성이 실험동물에 영향을 주지 않을 정도로 낮은 농도로만 실험을 했다는 것을 의미한다. 다른 기관의 실험과 비교해보니, 서울대 실험에서 가습기살균제 농도가 훨씬 낮게 설정된 사실을 더욱 명확히 확인할 수 있었다.

무의미한 실험

왜 이렇게 무의미한 실험을 진행했을까. 위와 같은 질문에 다양한 답을 들을 수 있었다. 한 서울대 연구원은 이렇게 말했다.

"일단 갑을 관계잖아요. 갑이 원하는 방향을 제시하고 자기들이 원하는 용역 방향을 적어줘요. 저희 입장에서 농도를 결정하고 말고 할 문제가 안 되죠. 'KCL에서는 고농도로 하고 서울대는 그거보다 낮은 저농도를 해라' 그러면 하는 거예요."

서울대 교수 측 변호인 역시 다음과 같이 언급했다.

"이 농도를 정한 것도 옥시였습니다. 실제로 이런 외부 연구용역의 경우는 사기, 불법적인 요구사항이 아니면 일반적으로 들어주는 것이 연구용역의 관행이라고 합니다."

전문가들은 굳이 조작하지 않더라도 이렇게 낮은 농도에서 실험을 진행한 것 자체가 문제라고 꼬집었다. 이규홍 안전성평가연구원 박사는 연구의 미흡한 부분을 다음과 같이 지적한다.

"동물실험 또는 입자 발생 실험은 다 '워스 케이스worse case, 최악의 조건'를 기본으로 하는 거예요. 이거는 학계의 기본이에요. 워스 케이스, 가장 나쁜, 최악의 경우. 최악의 경우보다도 훨씬 가혹한 조건에서 실험을 했을 때 문제가 없어야지 사람한테 안전한 거예요."

옥시는 다른 교수에게 가습기살균제 노출농도 실험을 의뢰했다. 바로 호서대 유 교수였다. 그가 작성한 보고서의 결과는 무엇이었을까? 보고서를 확인한 독성학자 이종현 박사는 다음과 같은 반응을 보였다.

"저는 그 보고서를 처음 보고 깜짝 놀랐어요. 저희들이 수행한 방법과 거의 동일한 방법을 적용했어요. 저희들이 측정했던 것보다 심지어 높은 농도로 검출된 사례도 있었어요. 근데 문제는 뭐냐면 결과 해석에 문제가 있어요. 그분은 여러 방에서 측정한 결과의 평균을 내셨어요. 평균을 낸다는 의미는 뭐냐면요. 가습기살균제 사용자 50퍼센트는 죽어도 된다는 의미예요."

실제로 호서대의 노출재연 실험은 가을철 작은 방의 경우 130번 중 3번 꼴로 심각한 고농도가 나타났다. 가습기살균제를 사용한 사람이 1,000만 명인데, 그중 피해자가 수천 명에 불과한 것과 비슷한 비율이었다. 하지만, 호서대 교수는 130번의 농도를 모두 더한 뒤 평균을 내버리는 바람에, 전체가 유해하지 않은 농도처럼 보이도록 했다. 전문가가 아니라면 발견하기 힘든 부분이었다.

보고서의 결과를 요약한 부분도 의구심을 자아냈다. 실험 결과를 직접적으로 설명하는 대신 가습기살균제가 침구나 벽지 등 건축자재에 흡수되어 농도가 매우 낮아졌다고 해석하는가 하면, 가습기살균제가 아닌 실내 곰팡이가 폐 손상의 원인일 것이라는 의견까지 덧붙였다. 이 보고서에 대한 전문가들의 평가는 냉담했다. 김용화 박사는 다음과 같이 비판했다.

"여기는 결론 안 냈네요. 사실은 이거 가지고 위해성 평가를 해서는 안 돼요. 적합한 증거를 가지고 위해성 평가를 해야 말이 맞거든요. 근데 이 보고서는 그렇게 하지 않았어요. 딴소리하고 있으면 이건 노출평가서가 아니고, 증거도 되지 않아요."

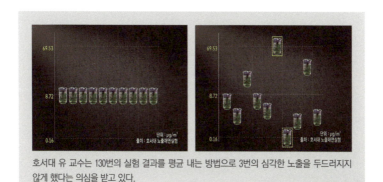

호서대 유 교수는 130번의 실험 결과를 평균 내는 방법으로 3번의 심각한 노출을 두드러지지 않게 했다는 의심을 받고 있다.

문제는 또 있었다. 비어 있는 원룸에서 노출농도를 실험한 질병관리본부의 이종현 박사의 실험과 달리, 호서대 팀은 옥시 직원들 집에서 진행한 것으로 알려졌다. 다음은 독성학자 이종현 박사의 평가이다.

"사람이 가습기살균제 때문에 죽었단 걸 알고 있었어요. 저희는 알고 시작했거든요. 실험한 저희 연구소 직원이 엄청 무서워하고 힘들어 했어요. 이분들은 실제 사람들이 살고 있는 아파트에다가 실험을 한 거예요. 사람이 죽을 수도 있는 그런 위험한 물질을 방안 가득히 뿜어대면서. 이건 제가 보기엔 인권 문제라고 생각해요."

호서대 유 교수는 보고서 외에 따로 옥시 측에 유리한 진술서까지 써줬다. 가습기살균제가 아닌 실내 곰팡이가 폐 손상의 원인일 것이라는 내용이었다. 재판에 제출되는 진술서 한 건당 2,000만 원씩 모두 억대의 돈을 받은 정황이 검찰에 포착되기도 했다. 자문료라는 이름으로 행해지던 기업과 학자들의 검은 거래. 그동안 잘 알지 못했던 연구용역의 어두운 실체가 만천하에 드러나는 순간이었다. 환경보건시민센터 운영위원인 안종주 박사는 산학 연구의 문제점을 지적했다.

"누구의 살인교사 청부를 받아서 살인을 하듯, '청부 연구', '청부 과학자'들이 있죠. 그런데 그것은 대한민국에서 이번 연구를 담당했던 사람들만 하느냐? 아니죠. 학계에서 상당히 비일비재하게 벌어지고 있는 일입니다."

▌너무나 완벽한 변론서

옥시의 연구용역으로 작성된 보고서들이 이처럼 여러 가지 허점을 가지고 있거나, 거꾸로 가습기살균제의 독성을 증명하고 있었는데도 불구하고 무려 5년이나 가습기살균제와 폐 질환의 인과관계가 법정에서 증명되지 못한 이유는 무엇일까? 그것은 바로 제작진이 입수한 또 다른 서류들 때문이었다.

바로, 가습기살균제 피해자들이 제기한 민사소송에 대해 옥시가 법원에 제출한 변론서다. 이 변론서는 가습기살균제의 독성을 증명한 KCL과 서울대 생식독성 보고서는 전혀 언급하지 않고 논란의 여지가 있는 보고서의 일부만 발췌해 옥시를 변호하고 있다.

이런 사실이 알려지자, 피해자와 시민단체는 김앤장을 강력히 비판하고 나섰다. 안종주 환경보건시민센터 운영위원은 다음과 같이 문제점을 지적했다.

"변호사라는 게 희대의 살인범도 변론을 하고 다 변론을 합니다. 살인을 하지 않았다고 하는 것이 아니라 살인을 했지만 이런 사유가 있으니까 참작을 해서 형량을 낮춰 달라. 이렇게 하는 것이 변호의 도리가 맞습니다. 그러나 확실하게 유죄인 것을 알았음에도 전혀 몰랐던 것처럼 하고 무죄라고 변론하는 것은 문제가 있습니다."

검찰은 김앤장이 작성한 변론서의 공동전문가 의견에도 주목하고 있다. 해외의 폐 질환 전문가가 질병관리본부의 역학조사 내용을 검토한 결과 그 과정과 결과가 과학적이지도, 합리적이지도 않다는 것이 공동전문가 의견의 골자였다. 동물이 아니라 사람들에게서 나타난 폐 질환의 원인이 가습기살균제라는 역학조사 결과를 정면으로 부정한 것이다.

질병관리본부의 역학조사 결과는 이미 여러 차례 국제저널에 실린 바 있다. 과학적이지도 합리적이지도 않은 역학조사였다면 국제저널에 결코 실리지 못했을 것이다. 하지만, 김앤장의 변론서는 국제저널이 인정한 역학조사 결과를 몇몇 해외 폐 질환 전문가의 의견만으로 무시해버렸다.

검찰은 이를 독성 실험은 물론 수사 대응까지 영국 본사가 깊숙이 관여했음을 보여주는 증거로 보고 있다. 보고서 작성에 참여한 해외 전문가들의 국적이 서울대 생식독성 보고서 발표에 참여했던 옥시 글로벌 임원들의 출신 국가와 일치하기 때문이다.

여러 차례 국제저널에 실린 질병관리본부의 가습기살균제 역학조사 결과들(한국 아동들의 간질성 폐 질환의 위험 요소로서의 가습기살균제 흡입독성 2013.6 PloS one / 한국 성인의 폐 손상 원인으로서의 가습기살균제 2014.1 PloS one / 한국의 가습기살균제 폐 질환의 전국적 연구 2015.12 Ann Am Thorac Soc). 하지만 옥시 측 변호를 맡은 김앤장은 변론서에서 국제저널이 인정한 역학조사 결과들을 소수 해외 전문가 의견으로 무시했다.

#옥시 측 변호인 김앤장의
연구 결과 묵살 변론서 일부

(1) 서울대학교 수의과대학 흡입독성 실험 결과

실험 결과, 13주의 총 실험 기간 동안 사망한 동물은 없었고, 어떠한 임상 증상도 나타나지 않았습니다. 폐의 조직병리학적 시험 결과 대조군과 비교하였을 때 투여물질에 의한 독성학적 변화로 판단할 만한 병변이 관찰되지 않았으며, 폐 섬유화 소견도 관찰되지 않았습니다.

(2) 호서대학교에서 실시한 가습기살균제의 노출 평가 시험

우리나라의 겨울과 같은 저온 건조한 실내환경에서는 가습기에서 발생된 많은 에어로졸 입자들이 건조한 벽면이나, 벽지 등의 건축자재나 침대, 이불 등의 침구나 의복에 흡수되어 다른 계절에 비하여 살균제의 공기 중 농도가 더 낮아질 수 있음을 강력히 시사하는 것입니다.

......

이상 말씀 드린 바와 같이 보건당국의 역학조사 및 동물실험 결과 등에는 심각한 의문이 존재하고, 개별사례 조사 역시 어떠한 조사 절차에 의한 것인지가 전혀 밝혀지지 않은 상황에서, 이에 근거하여 이 사건 제품과 원인 미상 폐 손상 사이의 인과관계가 합리적 의심이 없는 정도로 증명되었다고 할 수 없습니다. 아무쪼록 이러한 점들을 면밀히 살피셔서 피고발인에 대하여 "혐의 없음" 불기소 처분을 하여 주시기를 앙망합니다.

(3) 최종 결론 : 옥시 측 공동전문가 의견

질병관리본부의 연구 결과를 검토한 국내외 최고 의료전문가들은 해당 연구 결과를 신뢰하기 어렵다는 최종 결론을 내렸습니다.

옥시가 이번에 제출하는 공동전문가보고서는 영국의 간질성 폐 질환 전문의인 토비 마허, 싱가포르의 폐 질환 전문의인 필립 엥, 강북삼성병원의 직업환경의학 교수인 김＊＊ 교수가 위 공동전문가보고서의 첨부서류 2에 기재된 아래 자료를 검토한 후 공동으로 작성한 것입니다. 그 밖에 토비 마허의 주도로 미국 폐병리학자인 토마스 콜비, 영국의 폐병리학자인 앤드류 니콜슨, 영국의 폐영상 전문가인 데이비드 핸셀이 진료기록 및 진료기록에 포함된 병리학적 소견 및 진료기록과 함께 제공된 방사선 영상의 검토에 참여하였습니다.

생명의 미래

08

칼은 칼집에 있었다

조폭, 검찰, 언론. 거래는 끝났다.

– 영화 〈내부자들〉

내부자들과 '침묵의 카르텔'

2015년 겨울, 영화 〈내부자들〉이 흥행 대박을 터뜨렸다. 영화에 등장하는 국내 최대 신문사의 논설주간 이강희. 그는 언론과 재벌, 보수 정치권을 아우르며 언론을 조종하는 '밤의 권력자'다. 이강희는 자신의 고교 동창인 검사 출신 변호사를 정계에 들여보낸 뒤 한 재벌 오너와 함께 '대통령 만들기'에 착수한다. 논설주간과 재벌 오너는 이를 추진하기 위해 비자금 수천억 원을 조성한다. 그러던 중 한 조직폭력배가 이 사실을 알고 '내부자들'을 협박하기 시작한다. 하지만 일개 조폭이 대한민국 권력이 야합한 '침묵의 카르텔'을 쉽게 깰 순 없다.

'내부자들'은 사회과학 이론에 나오는 침묵의 카르텔을 기반으로 한다. 침묵의 카르텔이란 한 사회가 특정 이해집단에게 불리한 문제가 있을 때 비이성적으로 침묵하는 현상을 말한다. 이때 '불법

비자금 조성'같이 충분히 문제제기가 필요한 이슈가 수면 아래로 가라앉기도 한다. 영화 〈내부자들〉보다 6개월 늦게 개봉했지만 더 사실적이고, 더 완성도 높은 '침묵의 카르텔 깨기' 영화가 있었다. 바로 〈스포트라이트〉다.

가톨릭 사제들의 성추행이라는 은폐된 진실을 꿰뚫는 취재였다. 용기 있고 포괄적인 보도로 국내는 물론 국제사회에 영향을 줬다. 그리고 로마 가톨릭 교회의 변화를 가져왔다.

2003년 4월, 미국 퓰리처상 이사회는 한 보도에 이렇게 찬사를 보내며 이 취재에 대상을 수여했다. 이 상을 받은 사람들은 미국의 5대 일간지 중 하나인 〈보스턴 글로브The Boston Globe〉의 탐사보도팀 기자들이었다. 스포트라이트Spotlight. 이 신문사의 탐사보도팀 별칭이 〈스포트라이트〉였다.

탐사보도에는 여러 애칭이 있다. 워치독Watchdog, 감시견, 머크레이커Muckraker, 추문추적자 등이 그것이다. '스포트라이트'도 그 반열에 오를 만큼 탐사보도의 대명사로 통한다. 필자가 진행과 제작책임자인 JTBC 탐사프로그램 〈이규연의 스포트라이트〉도 여기에서 가져왔다. 스포트라이트라는 한 신문사의 탐사보도팀이 미국인과 세계인의 주목을 받게 된 계기가 있다. 2002년 가톨릭 사제의 성추행 은폐 보도가 그것이다.

'거악巨惡이 은폐하거나, 대중이 미처 알지 못하는 내용을 끈질기고 독자적으로 파헤쳐, 더 나은 미래를 만든다.'

탐사보도는 이렇게 정의된다. 하지만 모든 탐사보도가 이런 정의의 조건을 충족하지는 않는다. 하지만 2002년 스포트라이트의 보도는 이 조건에 완벽하게 부합하는 보도를 했다. 이 보도가 나왔을 때, 일각에서는 "워터게이트 이후 최고의 보도"라는 평가를 하기도 했다. 탐사보도의 정의에 맞춰 보도 내용을 분석해보자.

첫째, 보도가 '거악이 은폐하거나, 대중이 미처 알지 못하는 내용'을 탐사했느냐다. 취재는 2001년 마티 배런이 신임 편집국장으로 부임하면서 시작됐다. 그는 부임 직전에 〈마이애미 헤럴드The Miami Herald〉에서 일했다. 보스턴이 근거지가 아니었던 그에게 '이상한 사건' 하나가 눈에 들어왔다. 한 유명 신부가 아이들을 오랫동안 성추행한 혐의로 재판을 받고 있었던 것이다. 보스턴에서는 이 사건을 '단신 뉴스' 정도밖에 취급하지 않고 있었다. 한 소아성애자의 돌출 행동으로 봤기 때문이었다.

"어떻게 이런 추악한 행위가 어떻게 수십 년간 자행될 수 있었을까?"

마티 배런은 이런 의문을 품고 스포트라이트 팀에 밀착 취재를 지시했다. 신임 국장의 지시에 따라, 팀장인 월터 로빈슨을 포함해 4명이 탐사를 시작했다. 탐사 대상은 보스턴 가톨릭대교구였다. 가톨릭의 영향력이 강한 지역인 미국 보스턴에서 가톨릭대교구는 대통령보다 탐사하기 힘든 존재였다. 취재가 거듭되면서 서서히 진실이 드러났다. 보스턴 지역의 절대적인 존재가 성추행 은폐에 개입한 사실을 확인해낸 것이다.

당시 보스턴 대교구는 이 스캔들을 "한 신부의 개인적인 일탈"이라고 규정하고 "이미 강력한 재발 방지책을 세워놓았다"고 주장했다. 대중은 이를 철석같이 믿고 있었다. 하지만 진실은 그들의 해명과 달랐다. 이 신부 말고도 수십 명의 사제가 아동을 성추행해온 사실이 추가로 드러났다. 문제의 신부가 성추행을 해 파문을 일으킬 때마다, 대교구는 관할 교구를 옮겨주며 추악한 범죄를 은폐하기에 급급했던 사실도 확인됐다. 설상가상으로 심리적, 육체적 충격을 견디지 못한 피해자들이 스스로 목숨을 끊는 비극까지 일어났다.

둘째, 보도가 '끈질기고 독자적인 취재의 산물'이었느냐. 보스턴 대교구는 여러 경로를 통해 스포트라이트의 취재를 방해했다. 당연히 관련 자료와 핵심 인물에 대한 접근을 허용하지 않았다. 스포트라이트는 수많은 자료를 뒤져가며 작은 단서를 하나씩 수집해나갔다. 퍼즐 조각을 맞추듯, 희미한 단서를 모아 총체적인 진실을 구성해갔고, 피해 아동과 그 가족, 변호인을 찾아다니며 인터뷰를 했다. 최종적으로 가톨릭 내부의 핵심 관계자, 즉 '딥 스로트Deep Throat, 익명의 제보자'로부터 결정적인 증언을 이끌어낸 스포트라이트는 첫 보도가 나간 2002년 1월 5일부터 그해 말까지 수백 건의 기사를 내보냈다. 체계적이고 끈질긴, 독자적인 취재가 아니었다면 진실은 세상 밖으로 나올 수 없었을 것이다.

셋째, 보도가 '더 나은 미래를 만들었느냐'다. 보스턴 대교구 추기경인 버나드 로는 자리에서 물러났다. 2003년 보스턴 대교구는 피해자들에게 8,500만 달러를 배상하는 데 합의했다. 보도의 영향력은 보스턴 지역에만 머물지 않았다. 필라델피아 대교구에서도 사제들이 아동들을 성추행한 사실이 드러나는 등 미국 10여 개의 대교구에서 성추행이 저질러졌다는 사실이 폭로됐다.

보도는 미국을 넘어 로마교황청과 유럽, 러시아 등지로 퍼져나갔다. 2002년 보도 이후 10여 년이 지났지만 사제들의 성추행 보도가 여전히 지구촌을 강타하고 있다. 2015년 이탈리아 제노바의 한 교구에서 사제들이 누드 사진을 페이스북에 올리고 유부녀에게 접근한 사실이 폭로되기도 했다. 2015년 로마교황청은 사제들의 아동 성범죄를 예방하지 못한 주교들을 조사할 수 있는 기구를 설치하겠다고 밝혔다.

영화 〈스포트라이트〉와 〈내부자들〉이 막 개봉됐을 때, 한국 사회는 가습기살균제 대참사의 비극성을 깨닫기 시작했다. 이 어처구니없는 대참사의 씨앗은 20년 전에 뿌려졌고, 적어도 10년 넘게 은폐돼 왔다. 이 대참사는 두 영화만큼이나 몸서리쳐질 만한 '침묵의 카르텔'을 우리에게 보여줬다.

피해자 모임의 긴 싸움

2011년 4월
서울아산병원 '중증 폐렴 임산부 환자' 속출
환자 가족과 의료진이 질병관리본부에 신고

2012년 1월
피해자와 가족, 국가와 제조·판매 업체 상대 첫 손해배상 민사 청구 제기

2012년 8월
피해자 모임, 검찰에 가습기살균제 제조·판매 업체 첫 형사 고발

2013년 2월
검찰, 기소중지 결정
"피해조사 결과가 나와야 수사할 수 있다"

2014년 8월
피해자 모임, 검찰에 2차 형사 고발
옥시 등 14개 제조회사에 대해 살인 혐의로 고소장 제출

2015년 1월
피해자 가족, 국가 대상 손해배상 민사 소송 1심 패소 후 항소

2016년 1월
서울중앙지검 가습기살균제 전담 수사팀 구성

▌죽은 자는 있는데 가해자는 없다

2012년 8월 31일, 가습기살균제 유족 중 8명이 가습기살균제 제조·판매 업체들을 과실치사 혐의로 검찰에 고발했다. 고발 대상은 옥시와 롯데마트, 홈플러스, 이마트, 코스트코코리아, 애경산업, SK케미칼 등 17개 업체. 고발 이유는 이랬다.

현재까지 확인된 가습기살균제 피해는 174건, 사망자는 52명에 이른다. 그러나 정부는 지난해 8월 역학조사 결과를 발표한 뒤 1년이 지나도록 피해 조사와 대책 마련에 나서지 않고 있다.이런 정부의 무책임한 태도로 가습기살균제 제조업체들은 오히려 정부 조사가 잘못됐다는 적반하장의 반응을 내놓고 있다.

검찰은 사건을 경찰에 이관했다. 물론 경찰 이관은 법적으로 문제가 없다. 하지만 보통 중요한 사건은 검찰이 직접 수사하는 경향이 있다. 특히 가습기살균제 사건은 의학·과학적인 입증이 필요하기 때문에 더 수사력이 강하고 인적 자원이 풍부한 기관에서 담당하는 게 옳다. 이렇게 보면 검찰이 처음엔 가습기살균제 사건을 피해 규모에 비해 가볍게 다뤘던 것이다.

하지만 경찰에 이관된 사건 수사마저도 멈춰 버렸다. 2013년 2월, 서울중앙지검 형사2부는 시한부 기소중지했다. 시한부 기소중지

피해자들이 가습기살균제 제
조·판매업체 임직원 처벌을
요구하는 시위를 하고 있다.

는 전문가 감정 등이 필요할 경우 일정 기간 수사를 중지하는 검사
의 처분이다. 앞서 경찰은 과학적인 역학조사가 필요하다는 점을
들어 시한부 기소중지 의견으로 검찰에 송치했다.

검찰은 이에 대해 "논란이 되고 있는 인체 유해성 여부 등을 판
단하기 위해선 질병관리본부의 역학조사 결과를 검토할 필요가 있
다"며 "시점은 불분명하지만 결과가 나오면 다시 경찰에서 수사를
지휘할 것"이라고 설명했다.

2014년 3월 11일, 가습기 폐 손상 조사위원회에서 역학조사 결
과가 발표됐는 데도 검찰은 "역학조사 결과가 나오면 수사를 개시
할 것"이라는 약속을 지키지 않고 미적거렸다. 유족과 피해자들은
검찰의 무관심에 원통하지 않을 수 없었다. 이에 유족 20명 등 피

해자들은 2014년 8월 26일 가습기살균제 제조업체들을 살인죄로 검찰에 고소했다. 소송 대표 백승목씨는 "죽은 사람은 있는데 처벌받은 사람은 없다. 법적으로 살인죄인지 과실치사인지 모르지만 유족들로서는 살해당한 것이나 마찬가지"라며 목소리를 높였다. 백씨는 가습기살균제로 세 살 딸을 잃은 피해자 가족이다. 경찰 수사는 그제야 재개됐다.

2015년 8월, 서울 강남경찰서는 수사 결과를 발표했다. 제조·판매 업체 15곳의 대표이사를 업무상 과실치상 및 과실치사 혐의로 불구속 입건해 검찰에 송치했다. 이 가운데 8개 회사는 기소 의견으로 송치했다. 경찰은 이들 업체가 독성검사 등을 통해 가습기살균제에 인체에 유해한 물질이 포함된 걸 알면서도 제조·판매 한 정황이 있다고 했다. 나머지 업체 5곳은 "유해물질이 발견되지 않았다"며 각하됐고, 2곳은 피해자가 없어 혐의가 없다고 했다. 하지만 경찰은 살인 혐의는 인정하지 않았다. 경찰은 "업체들은 해당 물질이 사람을 사망시킬 수 있는 물질인지 알지 못했고, 살인할 고의도 없었다"고 했다.

검찰은 2016년 1월 이철희 부장검사가 담당하는 서울중앙지검 형사2부에 전담 수사팀을 꾸렸다. 뒤늦게 수사의지를 보인 것이다. 그간 권력과 관련된 사건은 속전속결 처리하면서도 국민의 생명과 관련된 가습기살균제 사건에 대해 늑장 수사와 소극적 수사를 벌인 검찰의 변한 모습에 일부 피해자들은 그 이유를 궁금해하기도

했다.

이처럼 검찰이 적극적으로 수사를 하자 기업들의 민낯이 드러났다. 옥시는 2011년 '폐 손상 사망' 논란이 일자 기존 법인을 청산하고 새 법인을 설립했다. 이를 통해 옥시는 법인의 민·형사상 책임을 피하게 됐다. 반성은커녕 편법과 꼼수를 쓰느라 여념이 없었던 것이다. 또 보건복지부 역학조사를 통해 '가습기살균제가 원인 미상 폐 손상의 원인'이라는 결과가 나오자 옥시는 KCL에 실험을 의뢰했다. 역학조사를 반박하는 결과를 의도했던 것이다. 그런데 KCL에서 '제품과 폐 손상 사이에 인과관계가 있다'는 결과가 나오자 해당 보고서를 은폐했다는 의혹이 제기됐다. 옥시는 더 나아가 서울대·호서대 연구팀에 각각 용역비 2억 원씩을 주고 질병관리본

검찰에 출석한 신현우 전 옥시 대표. 그는 옥시가 유해성 물질이 든 가습기살균제를 처음 제조할 때 최고경영자였다.

부의 역학조사 결과를 뒤집는 실험 결과가 나오도록 요청도 했다. 또 피해자들이 홈페이지에 가슴 통증을 호소하는 글을 올렸는데, 옥시는 이를 검찰 수사 직전에 삭제했다. 검찰은 2016년 4월 26일 신현우 옥시 전 대표를 피의자 신분으로 소환했다.

신 전 대표는 PHMG를 첨가한 제품 '뉴 가습기당번'을 처음 제조할 때 회사 최고경영자였다. 하지만 신 전 대표는 "제품의 유해성은 몰랐다"고 잡아뗐다. 출석하는 신 전 대표를 지켜본 피해자들은 "우리 아이 살려내라"고 울부짖어 눈물바다가 됐다. 신 전 대표는 업무상 과실치사 및 과실치상 혐의로 2016년 5월 14일 구속됐다.

검찰은 또 2016년 6월 2일, 2004년부터 2010년까지 롯데마트의 영업본부장으로 재직했던 노병용 전 롯데마트 대표를 업무상 과실치사 및 과실치상 혐의의 피의자 신분으로 소환했다. 노 전 대표는 6월 11일 구속됐다. 다음 날 오전 홈플러스 이승한 전 회장도 피고소·피고발인 신분으로 검찰에 소환돼 조사를 받았다. 이 전 회장은 "이번 일에 대해 정말 가슴 아프게 생각한다. 피해자와 가족 분들에게 진심으로 사과를 드린다"고 밝혔다.

▍여전히 칼은 칼집에 있었다

검찰 수사로 판도라의 상자는 열렸지만 수사가 축소됐다는 비판이 적지 않다. 무엇보다 수사 초기 정부 과실은 아예 조사 대상도 아니었다는 지적이다.

피해자들은 2016년 5월 23일 전 환경부 장관 등 정부 관계자들을 유해화학물질을 승인·방치 한 혐의로 검찰에 고발했다. 고발장에는 "환경부 장관 등 정부 관계자들이 가습기살균제에 사용된 PHMG, PGH 등 유해독성 품질을 법령에 따라 위해성 심사를 제대로 하지 않은 채 사용을 승인했다"고 주장했다.

이에 대해 환경부는 "PHMG는 유해성 심사 때 가습기살균제가 아니라 카펫 제조용 항균제로 신고가 됐다. 그래서 당시엔 유독물 지정기준에 해당되지 않았다"며 "법적 문제는 없었다"고 해명했다. 검찰 관계자도 "가습기살균제는 당시 정부의 심사·허가·승인 대상이 아니었다"며 선을 그었다.

하지만 앞서 4장 '골든타임을 놓치다'에서 언급됐듯이 정부는 참사를 막을 두 차례 이상의 기회를 버렸다. 부실한 관리 감독 때문이었다. 또 공무원들의 태만 때문이었다. 피해자들과 야당이 정부의 법적 책임을 촉구하는 이유다. 만일 정부가 꼼꼼하게 관리했다면 참사는 없었을 것이다. 환경보건시민센터 관계자는 검찰이 정부 수사에 소극적인 이유에 대해 "정부의 과실이 인정될 경우 정부가 보상액을 내놓아야 하기 때문이 아니냐"고 의구심을 드러냈다.

그런데 정부를 감싸던 검찰이 2016년 7월 11일, 정부 책임자들의 과실 여부 조사 방침을 밝혔다. 검찰은 2016년 7월 3일, 옥시싹싹 '뉴 가습기당번' 출시 당시 식품의약품안전처 담당자 2명을 참고인 신분으로 조사했다. 이어 4일에는 국가기술표준원 공무원 3명을 참고인 신분으로 소환해 "공산품안전검사 대상에 가습기살균제를 포함하지 않았던 이유 등을 조사했다"고 검찰 측은 밝혔다. 이어 검찰 관계자는 "정부 관계자들은 현재로서는 참고인"이라며 "과실이 있었다는 사실이 드러나면 입건할 가능성도 있다"고 말했다.

검찰의 태도 변화는 "국회의 국정조사 때문이 아니냐"는 지적이다. 국회는 2016년 7월 6일 '가습기살균제 사고 진상규명과 피해구제 및 재발방지 대책 마련을 위한 국정조사' 건을 의결하며 정부를 조사 대상에 포함시켰다. 환경부와 보건복지부, 산업통상자원부, 식품의약품안전처, 질병관리본부 등이 국회의 국정조사 대상에 포함됐다.

만일 국정조사로 정부의 과실이 드러날 경우 검찰은 정부 관계자에 대해 수사조차 안 했다는 부실 수사 비판을 받게 된다. 이 때문에 검찰 수사의 진정성에 의문을 제기하는 시민들이 많을 수밖에 없다.

검찰의 수사가 축소 수사라는 비판을 받았던 또 다른 이유는 초기에 애경을 수사 대상에서 제외했기 때문이다. 검찰은 "정부의 역학조사에서 유해성이 확인되지 않아 애경의 혐의를 입증할 수 없다"고 했다. 하지만 애경의 가습기메이트를 사용한 5살 박나원·다원 쌍둥이 자매는 장애를 안고 살고 있다. 2011년 10월생인 나원·

정부	• 국무조정실, 환경부, 보건복지부, 산업통상부, 기획재정부, 식품의약품안전처, 공정거래위원회, 국립환경과학원, 질병관리본부, 국가기술표준원, 한국환경산업기술원 • 향후 의결 통해 법무부 포함
민간	• 판매 : 옥시, 애경, 롯데쇼핑, 홈플러스, 신세계 이마트 클라나드·뉴트리아, 홈케어, GS리테일, 다이소아성산업, 코스트코코리아 • 제조 : 한빛화학, SK케미칼, 용마산업사, 메덴텍, 제너럴바이오, 퓨엔코, 산도깨비 • 원료 공급 : SK케미칼

가습기살균제 국정조사 대상명단

다원이는 생후 100일 전후로 가습기메이트를 쓴 뒤 허파가 섬유화되고, 허파꽈리가 터지는 기흉이 나타났다. 이 때문에 나원이는 목에 구멍을 내서 산소호흡기를 달아야 했고, 다원이는 최근까지 기침을 계속하는 등 폐 상태가 심각한 상황이다.

설령 역학조사에서 유해성이 입증되지 않았더라도 애경 제품을 쓴 피해자가 발생했다면 검찰이 수사 의지를 가졌어야 하는 것이 아니냐는 지적이 나왔다.

심지어 역학조사에 참여했던 폐 손상위원회 일부 위원들도 "역학조사에서 유해성이 나오지 않았어도 유해성이 없다고 단정할 수 없으니 더 따져볼 필요가 있다"고 했다.

이처럼 정부의 과실을 조사하지 않고, 범죄 정황이 분명한 기업에 손을 대지 않는 모습 때문에 검찰 수사가 축소 수사 논란에 휩싸인 것은 당연하다. 물론 검찰도 인력 등의 한계로 수사가 어려울

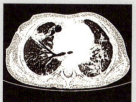

폐질환을 앓은 5세 아이의 손상된 폐 사진. 검찰이 초기 수사 대상에서 제외한 애경 '가습기메이트'의 피해자다.

수 있다. 하지만 시민은 검찰이 보다 진정성 있게 변하길 원한다. 권력이 아닌 국민을 바라보는 공명정대한 목민관의 모습을 기대하는 건 무리일까.

09

다윗과
골리앗의 싸움

사람을 의심하는 것은 사람이
반드시 모두 속이지 않더라도 자기가 먼저
스스로를 속이기 때문이다.
- 중국 고전《채근담》

무신불립의 리더십

《논어》〈안연편顔淵篇〉에는 이런 공자孔子의 말이 나온다. 자공子貢이 정치에 관해 묻자, 공자가 답한 내용이다. 자공은 공자의 애제자 중 한 명이다. 지금은 제齊나라가 노魯나라를 치려고 할 때, 공자의 허락을 받고 오吳나라와 월越나라를 설득해 노나라를 구한 인물로 알려져 있다.

子貢問政, 子曰: "足食, 足兵, 民信之矣." 子貢曰: "必不得已而去, 於斯三者何先?" 曰: "去兵." 子貢曰: "必不得已而去, 於斯二者何先?" 曰: "去食. 自古皆有死, 民無信不立."

위의 한자를 해석하면 다음과 같다.

자공	정치는 무엇입니까?
공자	식량을 풍족하게 하고, 군비를 풍족하게 하고, 백성들로 하여금 믿게 하는 것이다.
자공	부득이하여 한 가지를 버려야 한다면 이 세 가지 중에서 어느 것을 먼저 버려야 합니까?
공자	군비를 버린다.
자공	부득이하여 한 가지를 더 버린다면 나머지 둘 중 어느 것입니까?
공자	식량을 버린다. 백성들이 믿지 않으면 국가가 존립할 수 없다.

신뢰는 나라와 세상을 움직이는 가장 큰 원동력이다. 공자는 정치의 가치로서, 신뢰의 중요성을 누구보다 더 잘 알고 있었다. 백성과 왕 사이에 신뢰가 무너지면 그 어느 것도 지킬 수 없음을 간파했다. 《논어》에서 나오는 이 대화는 동아시아 사회에 '무신불립無信不立'의 지도 이념을 만들어냈다.

'지략과 국가전략의 교과서'로 통하는 《삼국지》에는 화려한 병법과 다양한 인간관계가 등장한다. 조조나 손권에 비해 지략이나 군사력이 뒤졌던 유비가 삼국의 한 맹주가 될 수 있었던 비결은 바로 신뢰였다. 유비가 관우, 장비와 맺은 도원결의桃園結義는 삼국지의 가장 중요한 출발점이다. 그날, 세 사람이 맺은 형제의 예는 평생 서로를 굳게 믿겠다는 신뢰의 결의였다. 유비는 다른 사람과의 약속을 반드시 지키는 신뢰의 리더십을 보여줬다.

유비가 조조에게 패했을 때의 일화는 너무나 유명하다. 조조는 사로잡힌 관우를 회유하기 위해 극진한 예우를 해준다. 하지만 관우는 조조의 적인 원소의 부하 안량을 베어 조조에게 보답한 다음 유비에게 돌아온다.

그뿐만이 아니다. 중국 후한 말기에 북해北海 태수를 지낸 공융은 대군을 거느린 조조의 공격을 받는다. 위태로운 서주徐州 지역을 구하기 위해 유비에게 공손찬의 군사를 빌려 서주를 도와주게 하였다. 하지만 공융은 유비가 군사를 거느리게 되면 마음이 변할지도 모른다고 생각한다. 출병에 앞서 공융은 유비에게 신의를 버리지 말아야 한다고 거듭 당부한다. 그러자 유비가 《논어》에 실린 공자의 말을 인용하며 다음과 같이 말한다.

예부터 누구든지 죽지만, '사람은 믿음이 없으면 살아갈 수 없다'고 하였습니다. 저는 군대를 빌릴지라도 이곳으로 꼭 돌아올 것입니다.

'무신불립'은 그리스로마 시대에도 나온다. 정복왕 알렉산더는 목숨을 걸 만큼 신뢰를 매우 중요하게 여긴 것으로 유명하다. 이와 관련된 사연이 있다. 알렉산더에게는 주치의가 있었다. 어느 날, 그 의사를 시기하던 사람이 정복왕에게 모함의 편지를 보낸다.

'의사가 잔에 독약을 넣어 대왕을 죽일 계획을 세우고 있다'라는 내용이었다. 알렉산더는 사람들이 모인 자리에서 이 편지를 읽어

주고 잔을 들어 내용물을 마셨다. 그 후로 의사는 알렉산더를 더욱 지극정성으로 모셨다.

이처럼 무신불립은 신뢰가 없으면 개인도, 정치도, 국가도 존립하기 어렵다는 뜻이다. 신뢰를 뜻하는 영어 'trust'의 어원은 '편안함'을 의미하는 독일어 'trost'에서 왔다. 신뢰가 없으면 평화도 정치도 성립할 수 없다.

그렇다면 가습기살균제 대참사에서 우리 정치권은 어떤 모습을 보였는가. 엄청난 고통을 당하고 있는 피해자들을 외면하거나, 그들의 도움을 거절하기까지 했다. 대부분의 정치인들은 정부와 기업, 대형로펌의 편에 섰다. 그들은 나라의 존립 근거가 어디인지 잊고 있었다. 결국, 엄마들은 여의도를 믿을 수 없었다.

국회가 없어진 시간

2013년
아내 잃은 최주완씨
국회 정문 앞에서 200일 1인 시위

2013년 3~4월
가습기살균제 피해구제 국회 결의안
발의–상임위 의결–본회의 통과

2013년 5월
법안 표류 시작
19대 국회 예산결산 특별위원회, 추경 예산안 50억 원 전액 삭감
윤성규 환경부 장관 "특정 피해자 지원에 일반 국민 세금 쓰이는 것은
옳지 않다" 파문

2013년 7월
새누리당 가습기 공청회 일방적 중단
"야당 의원의 박 대통령 비하 발언 문제 삼아 공청회 중단"

▌엄마는 여의도를 믿을 수 없었다

　국회의 가장 큰 존재 이유는 법을 만들고 고치거나 없애는 '입법'이다. 기업과 정부가 침묵의 합창을 부르는 사이 국회는 제대로 작동했을까. 가습기살균제 사건이 수면 위로 떠오르고 국민의 공분과 함께 이목이 쏠리자 발 빠르게 움직인 곳은 국회였다.

　더불어민주당은 2016년 5월 4일, '가습기살균제 특별위원회'를 발족시켰다. 국회 차원의 특위로 정부의 책임을 밝히고 피해보상 구제와 향후 안전관리를 위한 법안 마련에 집중하겠다고 약속했다. 질세라 새누리당도 나섰다. 5월 24일 새누리당 원내대표실에서 가습기살균제 피해자들과의 면담 시간을 마련한 것이다. 이날 정진석 원내대표는 가습기 피해자 가족 한 명, 한 명에게 직접 악

2016년 5월 가습기살균제 진상규명과 피해구제, 재발방지 대책마련을 위해 국회에 국정조사특별위원회가 열렸다. 하지만 추후 과정은 순조롭지 않았다.

수를 건네고 휠체어를 타고 온 피해자에게는 무릎을 꿇어 눈높이를 맞췄다. 본격적으로 시작된 면담 시간. 간담회에 참석한 새누리당 의원은 피해자들의 사연을 귀담아 들었다. 면담이 끝나고 정진석 의원은 기자들에게 "영문도 모른 채 가족을 잃은 슬픔이 오죽하겠어요. 우리가 할 수 있는 모든 일들을 다 해야죠"라며 굳은 다짐의 말을 했다. 김광림 정책위의장은 피해자들과 나눈 이야기를 전하며 수차례 눈시울을 붉혔다.

국회가 피해자들을 적극 돕겠다고 나선 것은 정말 반가운 일이다. 하지만 이들이 잡아주던 손과 눈물이 아직 우리를 '불편하게' 하는 이유가 있다.

'우리 모두가 꿈꾸는 행복의 시대를 만들겠다'는 야심찬 계획과 함께 박근혜 정부가 출범했던 2013년. 국회 정문 앞에서는 아내를 잃은 최주완씨가 200일 동안 1인 시위를 하고 있었다.

가방을 메고 출근하던 더불어민주당 장하나 전 의원이 그를 발견하고 직접 만나 이야기를 들었다. 장 의원은 가습기 피해자들에 대해 이렇게 표현했다.

"1명의 다윗이 10명의 골리앗과 싸우고 있었다. 그것도 그냥 다윗이 아니라 건강을 잃은 다윗, 가족을 잃은 다윗들의 처절한 싸움이었다."

가습기살균제 피해자와 가족들의 한 달 의료비는 350여만 원, 폐이식 수술 등의 치료비는 2억 원에 달한다. 우리가 만났던 가습기살균제 피해자 백현정씨는 둘째 딸을 잃었다. 백현정씨와 첫째 딸 마저도 가습기살균제로 인한 폐 섬유화로 폐 이식을 받았지만 10억 원에 달하는 엄청난 비용과 독한 약으로 하루하루 힘겹게 버티고 있다. 장 의원은 2013년 4월, '피해구제에 관한 법률안'을 대표 발의했다. 구체적인 내용은 다음과 같다.

가. 이 법은 가습기살균제 피해자 및 그 유족에게 구제급여를 지급함으로써 이들을 신속하고 효과적으로 구제하는 것을 목적으로 함(안 제1조)

나. 가습기살균제 피해자를 구제하기 위해서 요양급여, 요양생활수당, 유족급여 및 장의비, 특별유족조의금 및 특별장의비 등의 구제급여를 지급함(안 제8조부터 12조까지)

이를 시작으로 야당 의원들이 나서 환경노동위원회에 총 4건의 법안을 발의하게 된다. 장하나 의원의 '가습기살균제의 흡입독성 화학물질에 의한 피해 구제법', 홍영표 의원의 '가습기살균제 피해 구제법', 이언주 의원의 '생활용품 안전관리 및 피해 구제법', 정의당 심상정 의원의 '화학물질 및 화학물질이 함유된 제품 등에 의한 피해 구제법'이다.

당시 상당수 의원들이 통과 필요성에 공감했고 야당 의원이 환노위원장을 맡고 있었다. 상정으로 가는 길은 순항이 예상됐다. 하지만 본격적인 회의에 돌입하면서 이 핑계 저 핑계가 점점 늘어나고 이 법안들은 슬슬 표류하기 시작했다. 당시 환노위 회의록 등을 보면 그 과정이 적나라하게 드러난다.

윤성규 환경부 장관은 "일반 국민이 낸 세금을 가지고 가습기살균제 피해자 지원에 책임을 지는 것은 옳지 않다고 봅니다"라고 밝혔다. 새누리당 권성동 의원은 "환경성 질환으로 피해를 본 국민만 특별 보호하고, 교통사고를 당한 국민은 특별 대우를 안 해준다는 것은 법 원칙에 맞지 않다"는 주장을 펼쳤다.

새누리당 김성태 의원은 "가습기법은 국회 예산이 수반되는 법률이니 추후에 정기국회에서 논의하는 것이 바람직하다"는 입장을 밝혔다.

당시 법안심사소위원장이었던 새누리당 김성태 의원은 부처 간 이견이 있다는 이유와 법안 상정 미루기의 전형적인 레퍼토리, '예산'을 이유로 법안 상정의 발목을 잡았다.

7월 12일. 여야가 합의한 공청회가 예정되어 있었다. 그런데 새누리당 의원석이 텅 비었다. 1명의 의원을 제외하고 모두 불참한 것이다. 이들은 전날 벌어진 민주당 의원의 박근혜 대통령 비하 발언을 문제 삼아 일정 중단을 선언했다.

"이것은 절대 그냥 묵과하고 넘어갈 수 있는 상황이 아니다, 이렇게 생각하고 있습니다. 2시로 예정돼 있는 가습기 공청회를 잠정 중단하겠습니다."

대통령 자존심을 묵과할 수 없었다는 국회의원들. 가습기 피해자들의 눈물도 묵과하지 않기를 바랐던 건 너무 큰 욕심일까? 결국 야심차게 시작했던 19대 국회는 2016년 5월 30일 임기가 종료됐다. 그리고 임기 종료와 함께 4개 법안과 피해자들의 눈물도 함께 폐기처분됐다.

장진우씨는 43세에 소중한 늦둥이 딸을 얻었다. 하지만 아이가 네 살이 되던 해 가습기살균제로 인해 떠나보내야 했다. 현재 아내는 투병 중이다. 장씨와 피해자 가족들은 지푸라기라도 잡는 심정으로 국회의원들을 만나러 다녔다. 어느 날 국회 복도에서 걸어오는 새누리당 의원을 발견했다고 한다. 장씨는 국회의원에게 "우리는 가습기살균제 피해자들인데 얘기 좀 나눌 수 있느냐"고 물었다. 하지만 국회의원은 "이렇게 얘기도 없이 오면 어떡하느냐"며 만나주질 않았다고 한다. "제발 5분만 시간을 달라"고 애원해 의원실로 들어간 장씨. 하지만 면담은 정말 5분을 못 넘기고 끝이 났다. 장씨는 당시 상황에 대해 "의원이 귀찮고 떨떠름한 표정으로 앉아있었다. 얘기를 하는데 정말 내가 무슨 구걸하러 다니는 건가 싶고 굉장히 자존심 상했다"고 기억했다.

2013년 5월, 가습기 관련 청문회를 열자는 의견이 나오자, 새누리당 측은 "가습기살균제 문제가 수사해서 처벌할 사안이지, 국회가 청문회를 열어 정치적으로 갑론을박할 사안인가"라며 반대했다.

▌돈을 위한 배신

우리나라에서 유통되는 화학물질은 4만여 종에 이른다. 2009년 '석면 베이비파우더' 사건은 1급 발암물질인 석면이 아기들의 몸에 바르는 베이비파우더에 함유되어 파장을 일으켰다. 고환암과 유방암을 일으키는 발암물질로 알려진 파라벤 치약, 생식독성 유발물질 프탈레이트 장난감. 그리고 가습기살균제 참사까지 유해화학물질의 안전관리에 대한 심각한 문제는 사실 그전부터 끊임없이 있어왔다.

이러한 논란이 일깨워주는 교훈은 명확하다. 유해화학물질의 유출을 미연에 막아 국민의 건강과 안전을 보호해야 한다는 것, 특히 기업들이 독성여부도 모르는 화학물질을 사용하고 국민에게 인체실험을 실시하는 현 구조가 완전히 바뀌어야 한다는 것이다.

그 기본이 법이다. 가습기살균제의 '살인물질'도 법의 안전망이 제대로 갖춰졌었더라면 세상 밖으로, 그것도 대기업의 옷을 입고 버젓이 나오지 못했을 것이다. 그런데 '완전 무해 친환경'이라는 광고 카피까지 달며 나왔다.

가습기살균제 제품 겉면에 이렇게 성분이 명시돼 있다. '품명: 살균제, 성분: 살균제', 〈가습기살균제 건강피해 사건 백서〉의 전 편집위원장인 안종주 박사는 "성분 하면 당연히 이름을 한글로 쓰든지 PHMG로 써야지 왜 품명하고 성분이 똑같이 살균제입니까? 이런 엉터리 같은 법으로 관리하는 정부가 어디에 있단 말입니까" 하며 허술한 법을 꼬집었다.

2011년 가습기살균제 사태가 불거졌을 당시 정부가 이를 사전에 평가하자며 '화학물질의 등록과 평가에 관한 법률', 이른바 '화평법'을 만들겠다고 나섰다. 유해물질로 우려되는 화학물질을 정부에 등록하고, 등록된 물질들을 관리하겠다는 것이다. 예를 들어 PHMG 성분을 카펫 세정제로 썼을 때는 독성 사례가 보고되지 않았다는 이유로 가습기살균제에서도 아무 제재 없이 쓰였다. 문제는 이 물질들이 호흡기로 노출됐을 때 '살인물질'이 될 수 있다는 것이다. 화평법은 물질의 독성과 용도 정보를 등록시켜놓고 정해진 용도 외에는 쓰지 못하게 하자는 일종의 화학물질 안전망인 셈이다.

제2의 옥시를 막는 법, 화평법. 2013년 9월 관련 부처와 시민단체, 기업인들이 이 법안을 위해 한자리에 모였다. '화평법 법률협의체 1차 회의'에 참석한 노동환경건강연구소 화학물질센터의 김신범 실장은 기업들의 발언에 입이 딱 벌어져 한동안 다물 수 없었다고 한다. 김신범 실장의 말이다.

"거기 들어가서 깜짝 놀란 게 뭔지 아십니까. 사실 가습기살균제는 독성과 용도를 몰라서 이런 큰 피해가 일어난 거잖아요. 그런데 기업 측은 '지금까지 법을 안 지켜도 됐었는데 갑자기 이런 법을 만들어서 지키라고 하면 어떡하느냐? 화학물질 정보를 다 파악했다가는 기업 경영을 못 한다. 독성을 모르더라도 일단 쓸 수 있는 건 써야 한다'면서 대놓고 얘기하는 겁니다. 이름만 대면 다 알 만한 대기업들이 말이죠. 그런데 이들이 왜 뻔뻔하게 이야기할 수 있었을까요?"

'누군가'가 기업의 뒤에서 든든한 힘이 되어주었기 때문에 이런 발언도 가능했다는 얘기다. 그 누구는 누구일까? 우리는 화평법과 관련된 몇 가지 문서를 입수했다. 먼저, 경제인들의 연합인 '전경련'에서 정부에 보낸 의견서. 경제성장에 걸림돌이 되니 면제하거나 완화해 달라는 요청이었다. 전경련에는 SK케미칼, 애경 등 문제의 가습기살균제 업체들이 회원사로 소속되어 있다. 두 번째, 당시 김문수 경기도지사가 박근혜 대통령에게 보낸 공문으로 편지 한 장이 함께 첨부되어 있다. 편지 내용은 다음과 같다.

국민행복, 희망의 새 시대를 열어가기 위해 불철주야 노력하시는 대통령님의 노고에 감사드립니다. 정부에서는 창조경제 구현을 통한 새로운 성장의 활로를 찾고 기업의 성장을 가로막는 '손톱 및 가시 뽑기'에 주력하고 있습니다.
첫째, '화평법'의 개정이 시급하다고 봅니다. 거래 당사자 간에 상호 정보 제공을 사실상 강제하고 있어 자칫 기업의 '영업비밀 침해'가 될 수 있고 (……)

2013년 9월 경기도지사 김문수

당시 지식경제부도 "규제 목적 대비, 대응 부담이 과중된다"면서 같은 취지의 의견을 냈다. 9월, 박근혜 대통령은 무역투자진흥회에서 화평법에 대해 이렇게 언급했다.

"국민 안전과 환경 보존을 위해 규제가 불가피하다고 해도 투자를 넓히는 가장 좋은 방안은 결국 규제 완화와 정책에 대한 신뢰라고 생각합니다."

소비자의 안전보다 기업의 이익이 우선시돼선 안 된다는 당연한 전제 앞에 기업과 정부, 대통령, 심지어 언론도 화평법을 악법으로 규정했다. 그러나 화평법은 기업의 이익 앞에서 후퇴와 변질을 거듭한다. 그리고 2015년 누더기가 되어 세상에 나온다. 대표적인 예를 보자. 원안은 국내에 유통되는 모든 화학물질에 대한 위험성 여부를 분석·평가 해 결과를 정부에 보고한 뒤 등록하도록 되어 있었다. 하지만 원안과 달리 연간 1톤 미만의 화학물질을 다루는 경우 유해성 평가를 면제받을 수 있는 길을 열어주었다. 화학물질 1톤의 개념을 잘 모르기에 선뜻 문제가 무엇인지 알지 못할 수도 있다.

제품에 들어가는 독성 화학물질은 극히 미량으로도 인체에 치명적인 피해를 줄 수 있다. '가습기살균제 사태'처럼 말이다. 이 가습기살균제의 핵심 독성물질 PHMG는 연간 약 0.3톤만 사용됐다. 가습기살균제 참사로 만들어진 법인데 정작 가습기살균제의 독성물질은 등록 대상에서 누락될 수 있다는 것이다.

결국 이 법안을 타임머신에 태워 가습기 참사 이전에 만들었다고 해도 참사는 막을 수 없었다. 옥시가 악마의 물질을 계속 팔 수 있었던 이유는 성분명이 철저히 은폐됐기 때문이었다. 지금은 어떨까? 우리는 옥시의 또 다른 제품인 에어컨세정제의 물질안전보건자료MSDS를 입수했다. 물질안전보건자료는 제품의 성분표로 사람으로 치면 주민번호라고 이해하면 된다.

그런데 성분 자료에는 '영업비밀'이 절반을 넘는다. 관련 부처에 물었지만 현행법으로 보면 아무런 문제가 없다는 답변뿐이었다. 4만여 종의 화학물질에 노출된 우리에게 법은 무기력하기 짝이 없었다.

화학물질명	함유량(퍼센트)
에탄올(Ethanol)	17.5~27.5퍼센트
부탄(Butane)	10~15퍼센트
프로판(Propane)	5~10퍼센트
영업비밀물질	53.5~63.5퍼센트

옥시 에어컨세정제에 함유된 물질안전보건자료

▎ 20대 국회에게 물었다

19대 국회가 해놓은 피해자 구제법과 화학물질 관리법의 민낯을 똑똑히 보았다. 20대 국회는 가습기살균제 피해자의 눈물을 닦아주겠다고 했다. 그리고 침묵하지 않겠노라 굳게 약속했다. 과연 우리는 어디까지 믿고 기다려줘야 할까? 우리는 의미 있는 국회의원 설문조사를 진행해보기로 했다. 문항은 총 4개다.

Q 현행 '화평법'에 대한 개정이 필요하다고 보십니까?
Q 정부에서 관리하는 화학물질 대상을 대폭 늘려야 한다고 보십니까?
Q '징벌적 손해배상제도'를 도입해야 한다고 생각하십니까?
Q '소비자 집단소송제도'를 도입해야 한다고 생각하십니까?

가습기살균제 대참사를 계기로 꾸준히 제기되어온 법안의 제정·개정 의지를 묻는 질문들이다. 10~20명 국회의원으로 이루어진 단순 조사가 아닌 국회에서 법을 만들 때 본회의가 이루어질 수 있는 출석인원 조건, 즉 절반 이상 150명의 응답률을 목표로 잡았다.

무엇보다 이 설문이 의미 있는 이유는 이 결과가 국회의원과 국민 사이에 '약속의 징표'가 될 수 있다고 믿었기 때문이다.

무엇보다 재계의 입김에 의해 누더기가 되었던 화평법을 더욱 깐깐하게 관리하도록 개정하는 것에 대한 질문에는 여야 할 것 없이 87퍼센트가 찬성했다.

응답자 수	전체 (150명)	새누리당 (57명)	더불어민주당 (61명)	국민의당 (25명)	정의당 (4명)	무소속 (3명)
찬성	130 (87퍼센트)	42 (74퍼센트)	58 (95퍼센트)	24 (96퍼센트)	4 (100퍼센트)	2 (67퍼센트)
반대	1 (1퍼센트)		1 (2퍼센트)			
답변 보류	19 (12퍼센트)	15 (26퍼센트)	2 (3퍼센트)	1 (4퍼센트)		1 (33퍼센트)

화평법 개정에 대한 찬반 의견

만약 이 법안을 가지고 국회에서 본회의를 진행했다면 과반수 찬성으로 통과될 수 있다는 의미다. 우리는 이 설문을 통해 20대 국회의원들의 의지를 엿볼 수 있었다. 그리고 이 의지는 제정과 개정으로 이어질 것이다. 우리에게 남은 일은 또다시 법안들이 누더기가 되지 않도록 기억하고 지켜보고 확인하는 일이다.

10

굿모닝 위험사회

대한민국은 대표적인 위험사회다.
– 울리히 벡

빗장 열린 '위험 사회'

현대 사회학계의 큰 봉우리, 울리히 벡Ulrich Beck이 2015년 별세했다. 지난 수십 년간 국내외에서 그만큼 이름을 알린 사회학자도 드물 것이다. 그가 《위험사회》를 펴낸 시기는 1986년이었다. 그의 생각이 본격적으로 소개될 무렵인 90년대 초반, 국내에서는 대형 참사가 연이어 터졌다. 서해 훼리호 침몰, 성수대교 붕괴, 여객기 추락, 삼풍백화점 붕괴사고 등 굵직굵직한 재난이 그때쯤 벌어졌다. 당시 참사들은 개발도상국에서 막 벗어나는 단계에서 압축 성장에 가려져 있던 부실이 고개를 쳐들었다는 분석이 따라붙었다.

참사가 날 때마다 한국 언론은 벡의 '위험사회'를 습관적으로 거론하며 그 원인과 배경을 설명하려 했다. 그러다 보니 벡과 위험사회는 지구촌 어느 곳보다 한국에서 이름을 날리게 됐다.

벡은 외형적 성장과 개발을 통한 선진국화만 추구하는 탐욕스러운 자본주의를 통렬히 비판했다. 그는 자본주의가 위험과 안전의 문제를 소외시키고 있다고 봤다. 전문가 집단과 기업의 독점이 심화되면서 위험이 더 가중된다고 주장했다. 기업들은 연구를 청부하여 유리한 정보만 내세우며 거짓된 사실을 유포했다. '신뢰'를 가장한 기업은 그럴듯한 브랜드를 내세워 유해한 상품을 대중에게 판매했다. 벡은 크게 세 가지 가정을 타파하면서 위험사회의 윤곽을 잡았다.

가정1 현대 과학기술은 인류를 더 안전하게 하는가. 아니다. 고도 기술이 고도 위험을 만든다. 원자력 발전처럼 거대한 기술복합체가 인류에 더 큰 위험을 안겨준다.

가정2 위험은 통제할 수 있는가. 아니다. "첨단기술로 위험을 막을 수 있다", "확률적으로 도저히 일어나기 어렵다"는 예측이 번번이 빗나간다. 일본 쓰나미가 대표적이다.

가정3 위험에 국경이 있는가. 역시 아니다. 세계화 진전과 사고의 대형화로 위험의 경계는 무너진다. 일본 원전 사고의 여파는 동아시아 전체를 위협한다.

이처럼 위험사회를 떠받치는 요소는 고도 기술과 불확실성, 세계화다. 달리 표현하면 인류의 자랑스러운 업적으로 여기던 '근대성'을 근본적으로 되돌아보자는 것이 위험사회론의 핵심이다.

벡은 위험사회의 대표적인 사례로 원자력 사고를 꼽는다. 체르노빌과 후쿠시마 원전사고처럼 현대의 위험은 그 자체만으로도 사회를 파멸로 치닫게 할 수 있다고 생각했다. 체르노빌 사건으로 인한 사망자는 6,000명이 넘고, 수많은 주민들은 삶의 터전을 잃었다. 후쿠시마 역시 거주지는 버려졌고 지방경제는 회복하지 못할 타격을 입었다. 누구도 예상치 못한 재앙이었던 만큼 아무도 피해가지 못했다.

2014년 한국에 방문했던 벡에게 "한국을 위험사회로 보느냐"고 질문을 했다. 벡은 주저 않고 "한국은 대표적인 위험사회"라고 답했다. 한국의 경우, 기술화·세계화·근대화 속도가 빠르기 때문이라고 덧붙였다. 유럽 사회는 근대화를 완성하는데 150년 이상 걸렸지만, 한국은 불과 50년 만에 이뤄냈다는 것이다.

사실 그의 진단보다 한국은 더 위험한 상황일 수 있다. 거대한 무선망으로 촘촘히 연결된 초정보사회면서 성장이나 근대성에 대한 성찰은 극히 약하다. 그러다 보니 한국 사회는 신뢰와 안전 문제가 방치되어 크고 작은 위험 요소가 존재하고 있다는 것이다.

그렇다면 울리히 벡의 '위험사회'로 가습기살균제 대참사를 얼마나 설명할 수 있을까. 위에서 제시한 위험사회론의 세 가지 가정을 가습기 사태에 적용해보자.

가정 1 현대 과학기술은 인류를 더 안전하게 하는가. 아니다. 가습기살균제라는 첨단 화학기술의 산물이 한국 사회에 큰 위험을 안겨 줬다.

가정 2 위험은 통제할 수 있는가. 아니다. 정부와 기업은 가습기살균제의 위험을 통제할 수 있다고 주장했지만 거짓으로 드러났다.

가정 3 위험에 국경이 있는가. 역시 아니다. 가장 많은 희생자를 낸 가습기살균제를 제조 · 판매 한 회사는 영국계였다. 그들은 국경 저 너머에서 책임을 회피하고 있다.

이렇게 보면, 국내에서 일어난 대형 참사 중 벡의 '위험사회'에 가장 적합한 사건은 가습기살균제 대참사라고 할 수 있다.

다행히 노련한 사회학자는 겁을 준 것만은 아니었다. 그는 위험사회를 탈피하기 위해 산업사회를 해체하고 새로운 사회를 구성해야 한다고 봤다. 벡은 이를 '성찰적 근대화의 과정'이라고 불렀다. 경제성장과 이익 측면에서 다소 손해를 보더라도 위험을 철저히 봉쇄하는 것이 우선돼야 한다고 봤다. 하지만 개인과 기업, 정치권력은 경제적 피해와 불편함을 감수하지 않으려고 할 것이다. 이를 어떻게 혁파해야 할까.

그는 위험사회로 치닫지 않기 위해 튼튼한 민주주의를 세워야 한다고 주장했다. 강하고 독립적인 법정, 비판적인 언론매체를 유지해야 한다. 권력 스스로 자기비판이 가능하도록 정치체제를 발전시켜야 한다.

특히 벡은 '세계 시민주의'라는 처방전을 함께 제시했다. 공공성과 다양성, 책임성을 발휘하는 세계시민이 많아지고 그들의 입김이 세질수록 극단적 위험에서 멀어질 수 있다고 밝혔다.

하루빨리 '세계 시민'이라는 든든한 방패를 만들어야 한다. 가습기살균제 대참사에 벡의 '위험사회' 처방은 여전히 유효하다.

시민단체의 움직임

2011년 9월
환경보건시민센터, 영유아 사망 5건 등 피해 사례 발표

2012년 4월
환경보건시민센터, 사망 52, 피해 172건 발표

2013년 2월
피해자 모임, 옥시 본사 앞 항의 사진전

2015년 5월
피해자와 환경보건시민센터
영국 런던 옥시 본사 항의 방문

2015년 8월
한국소비자단체협의회, 소비자집단소송법 제정 촉구

▮ 대한민국 헌법 36조 3항

대한민국 헌법 36조

① 혼인과 가족생활은 개인의 존엄과 양성의 평등을 기초로 성립되고 유지되어야 하며, 국가는 이를 보장한다

② 국가는 모성의 보호를 위하여 노력하여야 한다

③ 모든 국민은 보건에 관하여 국가의 보호를 받는다

대한민국 헌법 36조 3항은 '모든 국민은 보건에 관하여 국가의 보호를 받는다'이다. 이는 국가가 국민의 건강을 지키는 일에 관해 위험이 생기지 않도록 보살펴야 한다는 의미다. 많은 국민들이 스스로의 건강을 지키기 위해 가습기살균제를 샀다. 그런데 국가는 가습기살균제를 사용한 국민의 건강을 지키는 일에 위험이 생기지 않도록 보호를 제대로 했는지 의문이다. 헌법은 국가의 통치조직과 통치작용의 기본원리이다. 이에 따라 다른 법률이나 명령으로 변경할 수 없는 한 국가 최고 법규이다. 그렇다면 국가는 가습기살균제 피해자들을 대할 때 헌법을 제대로 지켰는가?

취재진은 환경부와 산업통상자원부 고위 관계자를 어렵게 인터뷰했다. 그들은 정부에 대해 비판적으로 방송이 보도될 걸 우려해 노심초사하며 인터뷰를 꺼려왔다. 이들은 인터뷰에서 공통적으로 "법과 제도가 미비해 가습기살균제 참사가 일어난 걸 인정한다"고

했다. 정부와 정치권의 잘못을 인정한 것이다.

그런데 가습기 피해자들이 보상을 요구하자 정부와 일부 정치권은 적극적으로 책임을 지려기보다는 "현 제도에서 정부가 보상하는 건 부적절하다", "당시 제도로는 가습기살균제 판매를 막을 수 없었다"고 발뺌했다. 적어도 검찰 수사로 가해기업과 정부의 민낯이 드러나 전국적으로 부정적인 여론이 들끓기 전까진 같은 태도였다.

2013년, 심상정 정의당 의원이 '가습기살균제 피해자 구제 결의안'을 대표 발의했다. 발의안에는 중증환자와 사망자 가족 중 생계가 곤란한 피해자들을 우선 지원하고 환경부와 타 부처가 협력해 피해자 구제방안을 마련한다는 내용이 담겨 있다. 이어 장하나, 홍영표 당시 민주당 의원들도 가습기살균제 피해구제법을 발의하며 가세했다.

그러나 정부와 여당은 반대했다. 새누리당 간사였던 김성태 의원은 "정부가 세금으로 피해자들한테 보상하는 게 맞는지에 대해 정부 차원에서 먼저 판단이 이뤄져야 한다"고 주장했다. 정부는 "이 사안은 소송이 진행되고 있는 사안이므로 시기상조"라고 지적했다. 가령 윤성규 환경부 장관은 "제조업체 기금 출연 등 정부 재정이 아닌 방법으로 돕는 방안을 고려해야 한다"고 했다. 그는 오히려 "당시 과학기술 수준으로 결함을 알 수 없을 경우 제조업자의 책임이 면책되는 조항이 있다"며 가해기업을 옹호하기도 했다. 이

가습기살균제 피해자들과 환경보건시민센터 담당자가 서울 영등포구 여의도 옥시 본사 앞에서 기자회견을 하고 있다.

처럼 정부가 피해자가 아닌 가해기업을 옹호하거나 발뺌하는 모습에 허탈감을 느낀 이들이 많았을 것이다.

수사기관은 늑장 수사를 벌였다. 유족들은 2012년 8월 옥시 등 10개 업체를 과실치사 혐의로 서울중앙지검에 고발했다. 하지만 검찰은 기소중지를 했다. 납득할 수 없던 피해자들은 2년 뒤 2014년 8월 26일 옥시레킷벤키저 등 제조업체들을 살인죄로 고소했다. 그러나 검찰은 계속 미온적이다가 2016년 2월에 검사 7~8명으로 구성된 전담팀을 꾸렸다. 그전까지는 담당 검사가 1명뿐이었다. 지금까지 어마어마한 피해상황이 드러났는데도 계속해서 미온한 태도를 보여왔다. 검찰이 국민의 생명과 직결된 사건을 얼마나 소홀히 처리하는지를 알 수 있는 대목이다. 검찰은 2015년 10월에 가해업체 등을 압수수색했다. 고소장이 접수된 지 3년 2개월 만이다.

고소장이 접수되고 첫 압수수색이 실시되기 전까지 검찰은 국가정보원 댓글사건, 정윤회 문건 유출사건, 성완종 리스트 사건 등에 더욱더 집중하는 모습을 보였다.

▌인간의 생명에 대한 사과

2011년 8월 질병관리본부는 중증 폐 질환의 원인이 가습기살균제라고 발표했다. 그날도 옥시는 사과하지 않았다. 오히려 회사 홈페이지에 "당사는 고객 여러분께서 건강하고 안전하게 저희 제품을 사용하시는 걸 무엇보다 중요하게 생각하고 있다"며 "앞으로도 정직하고 품질 좋은 제품만을 제공하도록 최선의 노력을 다하겠다"고 발표했다. 살인기업은 피해자들한테 미안한 마음이 없어 보였다. 오히려 자신들 제품에 문제가 없는 것처럼 보고서를 조작해 피해자들에게 합의를 종용했다. 특히 피해자들한테 '가습기 제품과 관련한 민·형사상 청구나 이의제기를 하지 않는다'는 문구와 함께 '손해배상을 한다고 해서 옥시의 책임을 인정하는 건 아니다'라는 취지로 각서를 작성하게 했다.

2001년부터 옥시 게시판에 올라온 글 중엔 '옥시싹싹 뉴 가습기 당번을 사용하고 기침이 너무 심하고 폐가 아팠다', '제품을 겨울마다 틀었는데 치료가 되지 않고 폐렴 판정을 받았다', '아이가 계속

가습기살균제 제조·판매 업체 중 처음으로 사과한 김종인 롯데마트 대표.

2016년 5월에야 머리를 숙인 옥시 한국법인 사프달 대표. 피해자 보상 계획을 밝혔으나 진정성에 대한 논란이 컸다.

기침을 하다가 갑자기 호흡곤란을 일으켰다' 등 가슴 통증과 호흡 곤란을 호소하는 후기 글이 많았다. 이런 글들은 2001년부터 꾸준히 올라왔다고 한다.

그러나 이에 대해 옥시 영국 본사도 모르쇠 행태를 보였다. 2016년 5월 6일 피해자 김덕종씨와 최예용 환경보건시민센터 소장이 사과를 받기 위해 영국 본사를 찾아 최고경영자를 만났다. 하지만 이들은 사과하지 않았다. 단지 '유감이다'라는 표현이 적힌 서한만 전달한 뒤 질문도 받지 않고 자리를 떴다.

하지만 피해자들을 막무가내로 대하던 가습기살균제 제조·판매 업체들은 검찰 수사로 압박을 받자 서둘러 사과하기 시작했다. 가

옥시 한국법인 사프달 대표의 기자 회견 도중 한 피해자 엄마가 산소통을 달고 다니는 아들을 단상에 데리고 올라가 거칠게 항의했다.

장 먼저 롯데마트는 2016년 4월 서울 소공동 롯데호텔에서 기자회견을 열고 피해자들한테 고개를 숙였다. 이어 홈플러스도 열흘 뒤 사옥에서 기자회견을 열고 김상현 대표가 몸을 숙이면서 검찰 조사에 최대한 협조하고 피해자 보상 합의를 진행한다는 입장을 밝혔다.

가장 많은 사상자를 낸 기업 옥시의 사프달 대표는 5월 2일에 사과 기자회견을 열었다. 그는 "가습기살균제로 폐 손상을 입은 모든 피해자와 가족들한테 머리를 숙여 가슴 깊이 사과를 드린다"며 "신속히 적합한 대책을 내놓지 못 한데 대해 전적으로 책임을 받아들이겠다"고 밝혔다.

사과 기자회견 현장에서 피해자들은 분노를 표출했다. 현장에서 한 피해자는 "기업이 검찰에 사과한 것"이라며 "수사 때문에 검찰에 잘 봐달라고 한 것이다. 어떤 국민이 진심이라고 받아들이겠느냐. 사과를 하려면 피해자 가족들에게 연락을 하고 기자회견을 했어야 했다"며 항변했다.

▌ 불매운동, 결국 시민이다

가습기살균제 피해자와 가족모임, 한국소비자단체협의회, 환경운동연합 등 37개 단체는 2016년 4월 25일, 서울 광화문광장에서 기자회견을 열고 옥시 불매운동에 나섰다. 이들은 "가습기살균제 사고로 확인된 사망자만 200명이 넘었는데 옥시는 아직도 책임을 거부하고 있다"며 시민의 동참을 촉구했다.

그러나 가습기살균제를 팔아 사과를 했던 대형마트들이 불매운동에 찬물을 끼얹었다. 소비자 단체에서, 2016년 5월, 조사한 서울 시내 대형마트 50곳은 옥시 제품을 판매하고 있었다. 하지만 대형마트의 비협조에도 불구하고 시민들의 불매운동은 효과가 있었다. 옥시 불매운동이 시민의 공감대를 얻으면서 전 방위적으로 확산됐기 때문이다. 시민들의 자발적인 참여는 물론이고, 한국소비자단체협의회와 노동자, 중소상공인, 경제민주화 단체들이 불매운동을 적극 전개했다. 이런 압박에 밀려 결국 롯데마트는 2016년 6월 17일, 홈플러스는 18일, 이마트는 20일에 "옥시 제품을 전 지점에서

소비자단체와 시민단체의 불매운동이 전국적으로 시작됐다. 사진은 대구 지역의 대형마트 앞에서 벌어진 '옥시 아웃' 시위 현장이다.

철수하겠다"고 밝혔다. 2016년 6월, 대형마트들의 매출은 전 달 대비 6.3퍼센트 감소한 걸로 확인됐다. 매출 감소 요인 중에 불매운동도 포함됐다는 분석이다.

하지만 그동안 불매운동은 실패하는 경우가 더 많았다. 2015년 7월 롯데 제품 불매운동이 벌어졌었다. 롯데그룹의 황제 경영과 비밀경영으로 인한 불공정 경쟁이 소비자에게 피해를 입혔다는 여론이 일었기 때문이다. 그러나 불매운동이 벌어진 7월 말 일주일간 롯데마트 매출은 오히려 전주 대비 4퍼센트 증가했다. 비난 여론형성과 달리 불매운동은 실제 행동으로 이어지지 않았기 때문이다.

앞서 가습기살균제 피해자들의 불매운동도 2016년, 전국적으로 비난 여론이 끓기 전까진 효과가 없었다. 피해자들은 2011년부터 불매운동을 했지만 찻잔 속 태풍이었다. 2015년 8월 31일, 최예용 환경보건시민센터 소장은 "피해자들은 옥시 불매운동을 펼치고 있지만 옥시는 참사 이후에도 다방면으로 사업을 확장하고 있다"며 "메르스 사태 때는 살균제가 없어서 못 팔 정도였다"고 말했다.

한국행정연구원이 2015년, 국민 7,700명에게 불매운동 경험 여부를 물었다. 응답자 중 불매운동에 동참한 비율은 15.1퍼센트에 그쳤다. 이처럼 많은 불매운동이 효과를 내지 못하는 이유는 무엇일까?

한 금융소비자원 간사는 "불매운동 대상이 된 기업의 제품이나 서비스를 즐겨 사용하는 소비자라면 불매운동은 부담스러울 수밖에 없다. 만일 불매운동에 참가해서 소요되는 비용과 시간이 크다면 외면하기 쉽다"고 말했다. 이처럼 불매운동 참가가 불편과 희생이 동반되는 경우가 많기 때문에 생계로 바쁜 국민들의 동참이 쉽지 않다는 분석이다.

집단소송제와 징벌적 손해배상

기업의 횡포로부터 소비자를 보호하기 위해 제도를 변경해야 한다는 의견에 힘이 쏠리고 있다. 특히 다국적 기업들이 해외 소비자에 비해 국내 소비자들을 이른바 '호갱'으로 대우한다는 소식을 종종 접한다. 호갱은 기업의 소비자 홀대를 비꼰 말이다.

대표적인 사례가 폭스바겐Volkswagen의 디젤엔진 배출가스 조작 사태다. 독일 폭스바겐 사는 수출한 디젤 차량에 장착된 배출가스 소프트웨어를 조작해 배출가스 검사 때엔 정상 작동하게 하고, 실제로 도로 주행할 때엔 작동하지 않게 해서 인체 유해물질이 40배나 많이 배출하게 했다. 하지만 폭스바겐이 피해보상 과정에서 미국과 국내 소비자들한테 보인 모습은 대조적이었다.

2016년 5월 28일, 폭스바겐은 미국 내 디젤 차 배출가스 조작 피해 배상을 위해 147억 달러를 지불하기로 합의했다. 이는 미국 내 소비자 집단소송 합의 금액 중 가장 큰 규모이다. 이로써 차량 소유주는 1인당 5,000달러에서 최고 1만 달러까지 보상 받게 될 전망이다.

그러나 폭스바겐 사는 국내 소비자에게는 별도의 배상 계획이 없다는 입장이다. 아우디폭스바겐코리아 관계자는 "도의적 책임을 느끼지만, 배출가스 검사를 할 때 임의조작을 한 것에 해당되는지에 대해선 법률 해석이 필요한 사안"이라고 밝혔다. 이에 따라 폭스바겐 사가 우리나라에 지불하는 공식적인 액수는 환경부의 과징금 500억 원 수준에 그칠 것으로 보인다.

폭스바겐 사의 배상액이 미국 17조 원, 한국 500억 원. 국내 소비자들은 경악하지 않을 수 없다. 폭스바겐 사나 가습기살균제 제조·판매 업체들이 국내 소비자를 우습게 대할 수 있는 이유는 무엇일까? 현재 미국에선 시행되고 있지만 국내에 도입이 안 된 '징벌적 손해배상제'나 '집단소송제'를 들 수 있다. 징벌적 손해배상제도는 가해자의 행위에 악의성과 반사회성이 지나치다고 재판에서 인정될 때 실제 부과해야 할 손해액보다 훨씬 더 많은 손해배상을 하게 하는 제도이다. 보통 실제 피해액과 무관하게 손해배상 액수는 천문학적으로 늘어난다. 1760년대 영국 법원에서 최초로 판결이 이뤄졌다. 그 뒤 미국에서도 현재 시행되고 있다. 제도의 취지는 반사회적 행위를 금지시키고, 향후 유사 행위 재발을 막는 데 있다.

예를 들어, 미국 미주리 주 지방법원은 2016년 5월 3일, 세계적 기업 존슨앤존슨 사의 제품을 사용해 난소암에 걸린 60대 여성이 제기한 손해배상 청구소송에서 업체가 5,500만 달러를 배상하라고 판결했다. 피해보상 배상금 500만 달러와 그 10배의 징벌적 손해배상액 5,000만 달러를 합친 금액이다.

국가	특징
미국·영국·호주·캐나다	징벌적 배상제 운영
러시아	2008년 2배수 징벌적 배상제 도입
중국	2010년 무한 책임 징벌적 배상제 도입
대만	소비자보호법 관련 소송에선 징벌적 배상 가능

징벌적 손해배상제 주요 도입국

집단소송제란 기업 혹은 특정인의 잘못으로 수많은 피해자가 생겼을 경우 피해자 중 한 사람이나 일부가 나머지 피해자들을 대표해 소송을 제기하는 제도다. 비록 개개인의 피해 규모는 작을 수 있어도 피해자 수를 합치면 구제액이 크게 불어난다. 또 피해자 각자가 소송을 할 때 부담해야 할 시간과 비용을 줄일 수 있다. 대표자가 승소하면 자연히 일반 피해자들도 구제를 받을 수 있기 때문이다. 미국에선 이런 제도들이 소비자를 보호하기 때문에 폭스바겐사가 미국 소비자들한테 천문학적인 금액을 지불하게 된 것이다.

그러나 가습기살균제 피해자들은 유해성이 밝혀진 뒤 5년이 지났지만 제대로 배상을 받지 못하고 있다. 이런 이유로 국내에서도 그동안 시민단체들이 '징벌적 손해배상제도 도입'을 꾸준히 제안했지만, 기업과 보수 정치인들의 반대로 무산돼 왔다.

가습기살균제 피해자와 가족 모임의 강찬호 대표는 "가습기살균제 문제는 이제 가해 기업이 피해자한테 돈 몇 푼 더 주고 덜 주는 문제가 아니라 전 국민적 재난이자 사회적 책임에 대한 문제이다. 기업이 사람의 목숨을 갖고 장난을 못 치도록 집단소송제와 징벌적 손해배상제도가 도입돼야 한다"고 강조했다.

또 참여연대 등 16개 시민사회단체들은 2016년 6월 10일, 서울 광화문광장에서 기자회견을 열고 옥시 제품 불매운동을 선언하면서 집단소송제와 징벌적 손해배상제 도입을 촉구했다. 또 가습기살균제 참사 사건과 관련해 변호사 1,000여 명도 기업에 대한 책임 추궁과 피해자 배상을 위해 징벌적 손해배상 도입을 촉구했다. 가칭 '징벌적 손해배상을 지지하는 변호사·교수 모임'은 2016년 5월 24일, 서울 서초동 법원종합청사에서 기자회견을 열고 "제2의 옥시사태 방지를 위해 징벌적 손해배상제도 도입이 절실히 필요하다"고 주장했다. 이어 "무고하게 숨진 영유아들과 산모들, 유족들을 위로하려면 이 같은 사태가 재발되지 않도록 제도적 장치 마련이 시급하다"고 주장했다.

국내에서 징벌적 손해배상제도와 집단소송제 필요성이 제기된 건 이번이 처음이 아니다. 특히 2012년 18대 대선 때 제기돼 주목을 받았다. 당시 박근혜 새누리당 후보는 담합 등 공정거래법 위반 사건에 대해 두 제도의 도입을 약속했다. 하지만 취임 후 기업들의 반발로 약속을 지키지 않고 있다. 이처럼 사회 강자인 기업들의 반대가 심하면 약자인 소비자보호제도의 도입은 쉽지 않다.

19대 국회에서 더불어민주당 몇몇 의원들이 관련 법안을 제출해 입법을 시도했다. 서영교 의원은 기업의 제조·판매·광고·담합 등에서 불법 행위로 인해 소비자가 피해를 입었을 경우 소비자집단소송법을 대표 발의했다. 우윤근 의원은 집단소송법을, 백재현 의원은 제조물 결함 피해에 대해 최대 12배 이내 징벌적 손해배상을 하게 하는 제조물책임법 개정안을 발의했다.

새누리당 의원도 나섰다. 박민식 전 의원이 공정거래법상 담합 등에 의해 소비자가 피해를 입는 경우 집단소송제를 가능하게 하는 '증권 및 공정거래 관련 집단소송법 개정안'을 발의했다. 하지만

가습기살균제 국정조사특별위원회의 회의 풍경. 국내에서는 집단소송제와 징벌적 손해배상제를 도입하라는 목소리가 크다.

입법은 실현되지 않았다.

▍시민이 시민답게 살기 위해

지금까지 수천 명의 사상자를 낸 가습기살균제. 그러나 정부는 무책임했고, 기업은 뻔뻔했다. 2011년 8월, 질병관리본부에서 원인 미상 폐 손상의 이유가 가습기살균제라고 발표한 뒤 가습기살균제 참사가 전국적인 이슈로 떠오르기까지 5년이 걸렸다. 2016년 초부터 검찰의 수사로 기업과 정부의 부도덕성이 본격적으로 알려졌지만 계기를 만든 이는 사실 피해자들이었다. 피해자들과 환경시민 단체가 끊임없이 연대해 실상을 고발해왔다. 일부 피해자들은 이를 위해 직장을 그만두기도 했다. 스스로 나서지 않으면 누구도 문제를 해결해주지 않기 때문이었다.

최승운 가습기살균제 피해자 유가족 대표가 선두에 섰다. 그는 항공우주연구원에서 근무하던 과학자였다. 그런데 가습기살균제로 두 살배기 딸을 잃고, 현재 초등학교 2학년인 아들이 장애를 가지게 되면서 가습기살균제에 관한 반 전문가가 돼버렸다. 정부로부터 1단계 가습기살균제 피해자 판정을 받은 그의 아들은 폐가 반쪽만 남아 조금만 뛰어도 숨이 가쁘고 심장이 아프다. 최대표는 2년간 아들의 정기검진 결과를 토대로 의사한테 "아이의 폐 상태가 악화됐다"는 설명을 들었다.

최대표와 가족은 옥시로부터 이에 대한 배상을 받기 위해선 '가습기살균제 피해 아이들이 성장하면서 폐 기능이 약화될 수 있다'는 가능성을 제시해야만 했다. 하지만 어떤 전문가도 나서주지 않았다. "속단할 수 없다"는 이유에서였다.

결국 본인이 스스로 입증해야만 했다. 최대표는 아들을 비롯해 가습기살균제 피해자 32명의 의무기록을 복사해 자료를 정리했다. 이어 옥시와 국회에 폐 상태 모니터링 자료를 제출했다. 최대표는 가습기살균제 사건을 통해 "직접 나서지 않으면 누구도 도와주지 않는다는 걸 깨달았다"고 밝혔다.

설령 20대 국회에서 집단소송제와 징벌적 손해배상제가 도입될 가능성이 크다고 해도 시민들이 지속적으로 관심을 갖고 감시를 하지 않으면 국회나 정부는 다시 강자의 편으로 돌아설 수 있다.
시민이 시민답게 살기 위해선 정부와 정치권, 기업에 대한 견제와
감시를 소홀히해선 안 된다는 게 가습기살균제 참사의 교훈이다.

▌ 생명의 미래

세월호 참사 73일 후였다. 서울 이화여대에서는 국민대통합위
원회 주최로 '국가적 재난 치유' 토론회가 열렸다. 곽금주 서울대
심리학과 교수가 '재난, 외상 후 성장의 기회'라는 주제로 발표를
했다.

"트라우마 경험은 일어나지 않는 것이 가장 좋다. 그러나 이런 일
을 당하게 됐다면 현명하게 극복하는 것이 중요하다. 경험이 성장
의 계기가 될 수 있게 만들어야 한다."

사람들은 감당하기 힘든 일을 당할 때 마음의 상처를 입는다.
1980년 미국 정신의학회에서 이를 '외상 후 스트레스 장애'라고 했
다. 15년 뒤인 1995년, 외상이 오히려 삶에 대한 의미와 용기를 찾
게 할 수 있다는 연구가 나왔다. 학자들은 이를 '외상 후 성장'이라
고 명명했다. 이를테면, 암을 이겨낸 사람들은 일반인에 비해 삶에
대해 더 긍정적이라는 것이다. 곽 교수는 '외상 후 성장'을 다음과
같이 열거했다.

- 자신의 삶과 주변에 더 감사한다
- 타인을 향한 동정심이 커진다
- 어려움을 이겨낼 내적 힘을 갖게 된다
- 새로운 기회가 올 수 있음을 알게 된다

세월호참사 직후 대통령도, 정치권도, 언론도 '새로운 대한민국'을 외쳤다. 하지만 바뀐 게 거의 없다. 국회는 정치 싸움에 몰두해 있다. 국가 개조를 내세웠던 정부도 언제 그랬냐는 듯 꼬리를 감췄다. '새로운 대한민국'은 말짱 도루묵이었다. 정쟁政爭과 이념 논쟁에 휘말려 침몰의 원인을 정확히 규명하지도 못했다. 한마디로 '세월호 이후 성장'은 없었다.

이런 참담하고 어처구니없는 재앙을 당하고도 나아진 게 없다면 우리에게 미래가 있을까. 가습기살균제 대참사는 제2의 세월호가 되어선 안 된다. 참사의 원인과 책임 소재를 가리고, 재발 대책을 세워야 한다. 이를 통해 지금보다 조금은 더 나은 사회를 만들어야 한다.

'가습기 이후 성장'은 어디쯤에서 만날 수 있을까. 우리는 언제쯤 '생명의 미래'를 마주할 수 있을까.

생활 속 위험 물질 리스트

화학 물질	주 생활 용품	위험 요인
메칠이소치아졸리논(MIT) 폴리헥사메틸렌구아니딘(PHMG) 염화에톡시에틸구아니딘(PHG) 메칠클로로이소치아졸리논(CMIT)	가습기살균제	흡입 시 폐 질환
에틸렌다이아민테트라아세트산 벤조산 벤질 메타규산 나트륨 펜타히드레이트 에틸 2-메틸뷰틸산염	에어컨세정제	호흡 곤란, 구토, 흡입 시 폐 손상
옥틸이소티아졸론	차량용, 공기청정기 향균 필터	흡입 시 독성
벤젠	드라이클리닝, 자동차 배기가스	어린이 호흡기 질환
트리에탄올아민	샴푸제, 화장품, 보습제	피부질환
파라벤	화장품, 샴푸, 면도젤, 선탠용 스프레이, 치약	피부질환 및 호르몬 장애
퍼클로로에틸렌 트리클로로에틸렌	드라이크리닝, 얼룩 제거제 등	뇌와 중추신경계 이상
1, 4다이클로로벤젠	좀약, 방충제, 냄새 제거제	알레르기와 구토
나프탈렌	좀약, 방충제	어린이 섭취 시 혈액세포 장애, 뇌 손상
폴리에틸렌 글리콜	물티슈, 헤어제품, 핸드 및 바디로션, 클렌징	피부 질환
디-리모넨	어린이용 로션, 크림. 오렌지향 첨가제 및 방향제품	피부와 호흡기 자극

생활 속 위험 물질 리스트

화학 물질	주 생활 용품	위험 요인
폴리염화비닐(PVC)	일부 어린이용품 비닐커버, 바닥재	유전자 변형 물질
프탈레이트류	어린이 장난감, 자동차 내장재	아토피, 호흡기 질환, 과잉행동장애
니켈	어린이용 장신구, 도금된 조리기구	호흡기 질환 및 피부 질환
톨루엔	믹스커피 봉지, 일부 물감류, 손톱 광택제	피부 질환 및 신경계통 이상
디클로로메탄	일부 물감류 및 분사 페인트	신경계통 및 여성 생식에 영향
6가 크롬	장난감 등 플라스틱 제품류	알레르기 및 피부 질환
비스페놀A	유아용 젖병, 플라스틱 용기, 캔 음료 등	호르몬, 내분비계 장애
알킬페놀류	각종 세제류에 쓰이는 합성 계면활성제	호르몬, 내분비계 장애
디에탄올아민	주방 세제, 목욕용품류, 액체용 세탁제	피부 질환 및 알레르기 유발
인산 트리나트륨	세척제, 표백제	호흡기 질환
차아염소산 나트륨	주방 청소용 세제, 세탁용 세제, 수영장 소독제	눈,코, 목 자극 및 면역계 이상
암모니아	세정제 및 세척제	눈, 목 염증 및 피부 질환
1,4-디옥산	샴푸, 린스와 섬유제제류	눈, 코, 목 염증 및 알레르기
트리클로산	항균 비누와 세제, 일부 치약류	갑상선 기능 장애
라우레스 황산 나트륨	손 세정제, 치약, 샴푸류	알레르기 및 피부 질환
프로필렌글리콜	보습제	중추신경계 억제

화학 물질	주 생활 용품	위험 요인
수은	금속 아말감(치아용 충전재), 형광등, 일부 미백크림 / 먹이사슬의 상위 생선류	신경독성 장애
톨루엔-2, 5-디아민	모발 착색제	두통과 두드러기
P-페닐렌디아민	염색약	알레르기 유발
부틸메톡시디벤조일메탄	자외선 차단제	피부 노화
클로르피리포스	개미, 바퀴벌레 등 해충제	내분비계 및 신경 독성
프로폭수르	스프레이식 살충제	중추신경계 이상
쿼테르니움-15	방부제, 항균제	발암 가능 물질
디클로르보스	모기, 바퀴벌레 살충제, 애완동물 기생충 제재	피부 및 신경자극 독성
디이이티	해충 기피제 및 방충제	알레르기성 피부염, 장기 노출 시 신경 장애
페메트린	살충제	내분비계 장애
2-에톡시에탄올 2-에톡시에틸 아세테이트 6-메톡시-m-톨루이딘	섬유, 의류	발달 독성 물질
아조 염류	섬유 염색	눈과 피부 자극, 기관지염
페놀류	의류 방부제	눈과 피부 자극, 기관지염
테플론	기능성 섬유 필름	피부 자극, 기관지염
벤조피렌	불에 탄 고기, 일부 식용 기름	유전자 변형 물질
폴리염화비페닐	오염물질 축적된 어류, 육류	면역체계 교란
카드뮴	중금속 축적된 수산물, 니켈-카드뮴 전지류	발암성
질산염과 아질산염	육가공품의 색소 첨가물	발암성

생활 속 위험 물질 리스트

화학 물질	주 생활 용품	위험 요인
포름알데히드	가구 접착제, 바닥 마감재, 일부 매니큐어나 에나멜	호흡기와 피부 자극
석면	석고보드, 바닥 및 천장재	각종 폐질환
자일렌	카페트 접착제, 니스	피부 자극 및 태아 발달 장애
폴리브롬화 다이페닐에테르	일부 전자제품, 카페트	호르몬 장애
에틸렌글리콜	자동차 부동액	간과 신장에 영향
디에틸헥실프탈레이트	컴퓨터 플라스틱 부품 가소제	눈과 피부 자극
테트라히드로퓨란	프린트 인쇄용 잉크	기도와 눈 자극, 중추신경계 억제
망간	간접흡연, 일부 곰팡이 제거제	기관지 및 중추신경계 영향
다이아지논, 비소, 아트라진, 2, 4-디클로로페녹시아세트산	잔디 잡초용 살충제	피부 자극, 신경계통, 면역 시스템 장애

자료 출처_〈생활 속 화학물질 안전하게 사용하기 가이드북〉(서울시·한국환경보건학회 발간), 〈생활 속 유해물질 리스트 108〉(환경정의), 〈의식주와 화학물질 이야기〉(환경부)

참고 문헌과 사진 출처

참고 문헌

- 한국언론진흥재단, 빅카인즈, www.bigkinds.or.kr
- 보건복지부 질병관리본부 폐손상조사위원회, 〈가습기살균제 건강피해 사건백서〉(2014)
- 미국 환경청, 〈가정용 가습기의 사용과 관리〉(1991)
- 대한민국정부, 〈환경부 관보〉(2003)
- 대한소아과학회, 〈2006년 초에 유행한 소아급성간질성폐렴〉(2008), 전종근 홍수종 외 8명
- 대한소아과학회, 〈급성간질성폐렴의 전국적 현황 조사〉(2009), 김병주 김한아 외 14명
- 서울대, 〈가습기살균제(가습기당번)의 흡입독성평가 과제의 임신동물(임신확인 3주차)의 반복 흡입독성 결과보고서〉(2011)
- 서울대, 〈가습기살균제(가습기당번)의 흡입독성평가 과제의 최종 결과보고서〉(2011)
- 호서대, 〈가습기살균제의 노출평가 시험〉(2012)
- KCL, 〈흡입독성 실험 중간결과 보고서〉(2012)
- 김앤장법무법인, 〈김앤장의 변호인 의견서〉(2015)
- 옥시레킷벤키저, 〈에어컨세정제 물질안전보건자료〉
- 장하나, 〈가습기살균제의 흡입독성 화학물질에 의한 피해 구제에 관한 법률안〉(2013)
- 존 캐스티, 이현주 역, 《X이벤트》(2013), 반비
- 필립 짐바르도, 이충호 역, 《루시퍼 이펙트》(2007), 웅진지식하우스
- 울리히 벡, 홍성태 역, 《위험사회》(2006), 새물결
- 레이첼 카슨, 김은령 역, 《침묵의 봄》(2011), 에코리브로

사진 출처

p15   The Pulitzer, www.pulitzer.org/winners/chris-hamby

p33   가습기살균제 피해자 가족 제공, JTBC 〈이규연의 스포트라이트〉 방송 캡처(좌우)

p38   가습기살균제 피해자 가족 제공, JTBC 〈이규연의 스포트라이트〉 방송 캡처

p46~47   가습기살균제 피해자 가족 제공

p57   동아일보(좌), 한겨레신문(우)

p75   가습기살균제 피해자 가족 제공

p80   매일경제신문

p98   대한소아과학회 〈2006년 초에 유행한 소아 급성 간질성 폐렴〉(2008) 전종근 홍수
      종 외 8명

p100   대한소아과학회 〈급성 간질성 폐렴의 전국적 현황 조사〉(2009) 김병주 김한아 외
       14명

p171   서울대학교, 〈과제의 임신동물(임신확인 3주차)의 반복 흡입독성 결과보고서〉
       (2011), JTBC 〈이규연의 스포트라이트〉 방송 캡처(좌우)

p175   KCL 〈흡입독성 실험 중간결과 보고서〉(2012), JTBC 〈이규연의 스포트라이트〉
       방송 캡처

p179   호서대 〈가습기살균제의 노출평가 시험〉(2012), JTBC 〈이규연의 스포트라이트〉
       방송 캡처

p36, p45, p120, p138, p173, p176 JTBC 〈이규연의 스포트라이트〉 방송 캡처
p55, p122, p196, p198, p203, p210, p231, p233, p234, p236, p242 중앙일보

가습기살균제
리포트

초판 1쇄 2016년 9월 9일

지은이 ㅣ 이규연
　　　　　김명환 · 허진 · 라정주 · 박지윤 · 이창우
　　　　　김초희 · 이수진 · 신진주 · 김정연
발행인 ㅣ 이상언
제작책임 ㅣ 노재현
편집장 ㅣ 이정아
에디터 ㅣ 강승민 정아영
디자인 ㅣ ALL designgroup
마케팅 ㅣ 오정일 김동현 김훈일 한아름

발행처 ㅣ 중앙일보플러스(주)
주소 ㅣ (04517) 서울시 중구 통일로 92 에이스타워 4층
등록 ㅣ 2007년 2월 13일 제2-4561호
판매 ㅣ 1588-0950
제작 ㅣ (02) 6416-3925
홈페이지 ㅣ www.joongangbooks.co.kr
페이스북 ㅣ www.facebook.com/hellojbooks